ARIEL & SHYA KANE

Sein

Die Kraft des Augenblicks

Geschichten mit erleuchtender Wirkung zum Lachen, Weinen, Mitfühlen und einfach nur Mensch sein

WINDPFERD

Titel der Originalausgabe *Being Here – Modern Day Tales of Enlightenment*
Erschienen bei *ASK Productions, Inc.*

Autorenhinweis: Einige Namen in den Geschichten wurden verändert,
um die Vertraulichkeit zu wahren.

www.ask-inc.com

Aus dem amerikanischen Englisch übertragen
von *Sylvia Luetjohann*

1. Auflage 2009

www.windpferd.de

Umschlaggestaltung und Layout: Marx Grafik & ArtWork, Ingenried
Gesetzt aus der Adobe Garamond
Autorenfoto: William B. Sayler
Lektorat: Stefanie Ehrle und Team
Druck: Himmer AG, Augsburg
Gedruckt auf säurefreiem, chlorfrei gebleichtem Papier
Printed in Germany · ISBN 978-3-89385-591-9

Für all jene, die sich auf die Reise der Selbst-Entdeckung einlassen
und den Mut haben, weiterzugehen,
und
für diejenigen, die über den Vorsatz hinausblicken,
sich selbst zu „verbessern“,
um die Magie darin zu entdecken,
für andere da zu sein,
denn darum geht es letztendlich bei der Selbst-Entdeckung.

INHALT

EINES TAGES, nachdem er an jedem Selbsthilfe-Workshop, der angeboten wurde, teilgenommen hatte, Kandidat für EST-Trainer und Seminarleiter war und jahrelang in einem Meditationszentrum gelebt hatte, hörte Shya Kane mit dem Versuch auf, sich selbst zu verbessern

In diesem Augenblick, vor zwanzig Jahren, wurde er erleuchtet.

Er hörte auch augenblicklich damit auf, seine Frau Ariel zu verbessern oder zu verändern. Bald wurde auch sie erleuchtet. Ihr Leben verwandelte sich in ein müheloses, freudiges Abenteuer.

Während der Interaktion mit ihrer Welt finden magische Ereignisse statt …

VORWORT

In den vergangenen Jahren haben viele Menschen den Wert von Meditation und anderen Formen der Schulung erkannt. Dir jeden Tag Zeit für dich zu nehmen ist jedoch nicht der einzige Weg, um Zugang zu Wohlbefinden und Erleuchtung zu bekommen.

Im Laufe der Jahre haben wir beide die Majestät, die Magie und die transformativen Eigenschaften entdeckt, einfach hier zu SEIN. Wo jede Interaktion, jeder Augenblick voller Saft und Leben ist, mit allen notwendigen Komponenten, die es braucht, um dein Leben zu verwandeln. Wo es zum allergrößten Spiel und zur allernatürlichsten Meditation wird, jeden Augenblick deines Lebens in vollem Maße zu leben, ohne dich selbst zu beurteilen.

Als Kinder wurden unsere Phantasien durch Geschichten entzündet. Als wir heranwuchsen, haben wir beide die Macht erkannt, die eine gute Geschichte besitzt, um zu inspirieren, zu erheitern, zu unterhalten und, ja, sogar zu erleuchten.

Wenn du dich mit der Geschichte eines anderen befasst, vergisst du oft die Geschichte deines eigenen Lebens. Wenn du sie lange genug vergisst, könnte sie dich einfach in Ruhe lassen, und die in deinem persönlichen Drehbuch enthaltenen Begrenzungen können wegfallen. Wir haben immer wieder gesehen, wenn Menschen sich darauf einlassen, hier, in diesem Augenblick zu SEIN, wie alte begrenzende Vorstellungen einfach aufhören, sie zu beherrschen.

Vor jedem Abschnitt dieses Buches haben wir eine kurze Einführung eingefügt, eine Art Wegweiser, der dich dabei unterstützen wird, einen Vorgeschmack von den grenzenlosen Möglichkeiten zu bekommen, die auf deine Entdeckung warten.

Wir laden dich dazu ein, eine Reise in den Augenblick des SEINS zu unternehmen. Das reicht aus, um einfach und mühelos einen Realitätswechsel zu erleben, wobei du dich unvermittelt leichter, freier und lebendiger fühlst. Im Augenblick SEIN ist alles, was es braucht, um Unmittelbare Transformation zu erfahren. Schließe dich uns an, wenn wir dich mitnehmen in ganz verschiedene Augenblicke unseres Lebens und des Lebens unserer Freunde und unserer Familie, wenn wir den Reichtum und die Majestät entdecken, lebendig zu sein. Im Augenblick zu SEIN kann selbst einen gewöhnlichen Umstand in ein zutiefst bewegendes, erleuchtendes Geschehen verwandeln.

Laufe atemlos mit uns die Straßen von „Hell's Kitchen" in Manhattan entlang. Schaue aus unserem Panoramafenster hinaus in den Garten hinter unserem Haus. Rette dich vor dem Sog der Unterströmung, und träume mit uns am Strand von Bali.

Wir hoffen, du genießt die Reise. Wir haben sie genossen. Wir genießen sie noch immer …

Von Herzen,

Ariel & Shya Kane

VERGEBUNG UND MITGEFÜHL

Die meisten von uns erkennen nicht, dass wir, wenn wir jemandem vergeben, tatsächlich uns selbst befreien. Wenn wir vergeben, machen wir uns frei von der Verwicklung einer beunruhigenden Situation oder eines störenden Umstandes.

Mitgefühl ermöglicht uns, eine Meile in den Schuhen eines anderen zu laufen, um zu vermeiden, einen anderen oder uns selbst für Handlungen zu verurteilen, über die wir wenig oder gar keine Kontrolle hatten.

Die folgenden drei Geschichten werden dich dabei unterstützen, neue Möglichkeiten zu entdecken, während du die auf keiner Karte verzeichneten Gewässer deines eigenen Lebens befährst. Vielleicht wirst du sogar jenen schwer fassbaren Zustand der

Gnade finden, der sich einstellt, wenn du wirklich und wahrhaftig Vergebung und Mitgefühl für alles findest, was es bedeutet, menschlich zu sein.

ÜBER MITGEFÜHL

– Aus Ariels Sicht erzählt –

Als ich zufällig über meine Schulter zurückblickte, sprintete der Mann mir hinterher. Mordlust stand in seinen Augen …

Es war im Jahre 1984 und ich war 24 Jahre alt, Schauspielerin und lebte in „Hell's Kitchen", einem Midtown-Bezirk auf Manhattans Westside. Dort hatte ich ein kleines Einzimmer-Apartment im zweiten Stock eines Hauses zwischen der 9. und 10. Avenue gemietet – nicht gerade eine sonderlich sichere Umgebung. Eines Morgens, als ich aus meinem Haus herauskam, noch etwas benommen auf dem Weg zur Arbeit, lief ich buchstäblich in ein gelbes Absperrband, das einen Tatort auf dem Bürgersteig gegenüber meinem Apartment sicherte. Hier war ein Mann erstochen worden. Ich wusste, dass die Gegend gefährlich war, aber ich war dreist geworden.

An einem schönen Mittwochnachmittag kurz vor der Dämmerung war ich gerade dabei, das Haus auf dem Weg in Richtung Innenstadt zu verlassen, als mich ein beißender Gestank empfing. Der Eingang zu dem vierstöckigen Haus ohne Fahrstuhl hatte zwei Türen: die äußere, um das Wetter draußen zu halten, und die innere, die verschlossen war, um ungebetene Eindringlinge draußen zu halten. Immer wieder etwa während des letzten Monats hatte ein Penner es sich angewöhnt, zwischen der inneren und der äußeren Tür zu schlafen und stundenlang auf der Türschwelle zu sitzen. Er war mindestens 1,80 Meter groß, kräftig und ungewaschen, und stets musste ich meine Angst unterdrücken, wenn ich über ihn oder um ihn herum stieg. Die Polizei war mehrmals geholt worden und hatte ihn von meiner Türschwelle vertrieben, aber er schien immer wieder zurückzukehren, so als würde er magnetisch angezogen.

Als ich zuvor in dieser Woche das Haus verließ, folgte ich einer anderen Frau im Treppenhaus, die auf dem Weg nach draußen war. Als sie die Haustüren erreichte, bemerkte ich, dass unser sesshaft gewordener Straßenpenner sich wieder quer über den Eingangsbereich drapiert hatte. Ich weiß nicht, ob dies ihre normale Art war oder ob sie ermutigt wurde, weil wir nun zu zweit waren, doch sie riss rasch die Tür auf und rief: „Raus! Geh weg! Du gehörst nicht hierhin! Ganz recht. Na los, mach schon! Du solltest nicht hier sein. Hau ab!"

Wie Melasse an einem kalten Tag setzte er sich langsam hin, dann stand er auf. Er trat nach draußen, und während meine Nachbarin mit finsterem Blick dastand, schlurfte er die Treppenstufen hinunter und machte sich auf der Straße davon, um vielleicht einen anderen Türeingang heimzusuchen. Voller Entrüstung beobachtete die Frau ihn, bis er ein gutes Stück entfernt war; dann wandte sie sich in die entgegengesetzte Richtung und stampfte, noch immer aufgebracht, davon.

Als ich an dem besagten Abend sah, dass er wieder zurückgekommen war, hielt ich im Schritt inne, wie erstarrt vor Unschlüssigkeit. Sollte ich in mein Apartment zurückkehren und wieder die Polizei holen? Wenn ich das tat, dann würde ich zu spät zu einer Verabredung kommen. Sollte ich die Tür öffnen und einfach über ihn steigen, wie ich es in der Vergangenheit gemacht hatte? Bei dieser Möglichkeit bekam ich eine Gänsehaut. Ich hatte es zwar gemacht, aber nicht gerne. Dann fiel mir die Taktik meiner Nachbarin ein, um den Mann in Bewegung zu setzen.

Nun gut, warum denn nicht, dachte ich. Im Geiste bestärkte ich mich, *es ist mein Eingang, nicht seiner.* Je mehr ich darüber nachdachte, desto mehr fühlte ich mich gerechtfertigt. *Ich bezahle Miete hier – er nicht.*

Bald war ich dazu bereit, den Dämon an meiner Tür zu bekämpfen, den Drachen zu erschlagen, für meine Rechte als Mieterin einzutreten. Bevor man noch hätte sagen können: „Halt, warte mal eine Minute", war ich erfüllt von der Selbstgerechtigkeit einer jungen und törichten Person, die in ihrem eigenen Leben noch nie wirklich verheerenden Ereignissen ausgesetzt gewesen war. Sicher, ich hatte Menschen verloren, die ich geliebt hatte, hatte mit Freunden Schluss gemacht, hatte eine oder zwei Vorsprechproben verpatzt, hatte Heimweh gehabt, war krank gewesen – und doch, auch wenn ich seit Jahren auf mich gestellt in New York lebte, war ich immer noch unreif und naiv, von wahrem Elend unberührt.

Als ich die Eingangstür erreichte, stellte ich mich großspurig hin und versuchte barsch auszusehen – wie eine Karikatur von jemandem, der älter und klüger war und Verantwortung trug. Ich stieß die Tür auf und schrie in bestmöglicher Wiedergabe dessen, was ich meine Nachbarin hatte tun sehen: „Steh auf und hau ab! Na los, mach schon. Das ist kein Schlafplatz!" Ich ereiferte mich weiter, während er sich von seinem kalten, harten Bett zwischen den Türen hochhievte und den Weg hinaus zu meiner Außentreppe antrat. Aber es reichte mir nicht, ich wollte ihn verschwinden sehen.

„Nun geh doch endlich! Du weißt, dass du nicht hier sein solltest. Es ist Privatbesitz. Geh die Straße hinunter!“ Also bewegte er sich – langsam und mit übertriebener Vorsicht. Wenn ich heute daran denke, fallen mir Krokodile ein, die ich aus sicherer Entfernung von einer Brücke aus über einen Fluss in Costa Rica beobachtet habe. Im Grunde deines Herzens weißt du, dass sie gefährlich sind, aber in der Sonne wirken sie so friedlich. Die wirklich großen Krokodile, sechs Meter lang oder mehr, lenken deinen Blick auf sich, und du möchtest sie anstarren und zum Handeln anstacheln, nur um zu sehen, was sie tun werden. Obwohl sie täuschend regungslos bleiben können, wird die Macht ihrer massiven Körper entfesselt, wenn es einen Anlass gibt, sich zu bewegen. Ein wilder Aufruhr an Aktivität, schäumend und heftig, bricht los, wenn der Kadaver eines Hühnchens in ihre Richtung geworfen wird.

Befriedigt darüber, dass ich den Penner von meiner Türschwelle entfernt und auf die Straße geschickt hatte, wo er hingehörte, schlenderte ich den Bürgersteig entlang zur Bushaltestelle. Ein paar Augenblicke später, als ich zufällig über meine Schulter zurückblickte, sprintete der Mann mir hinterher. In einem Adrenalinstoß rannte ich los. Meine hohen Absätze waren nicht zum Rennen gedacht, aber trotzdem schaffte ich es irgendwie. In Panik lief ich um die Ecke der 10. Avenue und flüchtete mich in einen kleinen Weinausschank, dessen Besitzer ich kannte, ein großer Pole, der über die Jahre immer höflich zu mir gewesen war. Hastig trippelte ich in den hinteren Teil seines engen Ladens und stürzte mich hinter ihn, gerade als der wütende Penner in Sicht kam und zornbebend am Eingang des Ladens stand. Er hob seine riesige Pranke und deutete mit einem Finger genau auf mich: „Du, du, dich kriege ich!“

Ich zitterte und wusste, wenn ich keine Deckung gefunden hätte, dann würde ich jetzt in ernsthaften Schwierigkeiten stecken, verprügelt oder tot sein. Es musste mir erst noch dämmern, dass ich an diesem Abend trotzdem nach Hause gehen und dem Mann gegenübertreten musste, falls er noch dort war. Für den Augenblick war ich in Sicherheit.

Mister Nijinsky, der polnische Ladenbesitzer, war sichtlich nicht erfreut. „Sie können nicht hier hereinlaufen, um Schwierigkeiten zu entkommen. Ich möchte keinen Ärger vor meiner Ladentür.“

Nach einer kurzen Atempause, als ich mein Zittern unter Kontrolle bekommen hatte, entschuldigte ich mich bei Mister Nijinsky und versprach ihm, das würde nie mehr passieren. Insgeheim wünschte ich mir, er wäre mitfühlender gewesen. Er hätte wenigstens die Polizei holen oder sonst irgendetwas tun können. Zögernd ging ich zum Türeingang, blickte die Straße in beiden Richtungen entlang und sah, dass die Luft rein war.

Ich war zu erschüttert, um einen Bus zu nehmen. Ich rief ein Taxi herbei und fuhr Richtung Innenstadt, um Shya zu treffen, mit dem ich zu dieser Zeit ausging, und etwas ehrenamtliche Arbeit zu machen; das waren meine Pläne für den Abend gewesen, ehe ich so unsanft und fast gewaltsam unterbrochen worden war. Als ich bei der Arbeit in der Nähe von Shyas Schreibtisch saß, begann ich zu weinen. Mein Atem kam stoßweise und meine Augen vergossen heiße Tränen, während ich keuchend meine Geschichte hervorstieß. Shya nahm meine Hand, lehnte sich auf seinem Stuhl zurück und wurde sehr still.

Ich begann mich zu entspannen, mein Schluchzen ließ nach und ich wurde ruhiger. Doch mein Verstand flatterte immer wieder zu Gedanken zurück, was gewesen sein könnte, wenn ich nicht zurückgeblickt hätte, was geschehen wäre, wenn der Mann mich eingeholt hätte. Bilder von ihm tauchten blitzartig auf, eingerahmt vom Türeingang des Ladens, zornbebend und kaum in der Lage, seine Wut zu beherrschen.

Shya lehnte sich nach vorn und blickte mich aufmerksam an: „Ariel, wir müssen dorthin zurückgehen und du musst dich bei diesem Mann entschuldigen. Du hast vergessen, er ist ein Mensch und du hast ihn gerade wie Dreck behandelt."

Das war bestimmt nicht das, was ich zu hören erwartet hatte. Ich erwartete Anteilnahme, Empörung und Angst um mich. Doch augenblicklich wurde auch ich still. Shya hatte recht. Das konnte ich im Grunde meines Herzens spüren. Ich konnte es in meiner Haut, in meinen Muskeln und Schultern spüren, als sie herabsanken. Während ich dasaß, erkannte ich, dass es ein Fehler gewesen war, meine Nachbarin nachzuahmen; nur weil ich jemand anderen auf diese Weise hatte handeln sehen, wurde es damit nicht richtig, es zu tun, und machte es mit Sicherheit nicht gültig für mich. Ich begann mich an Dinge über die Obdachlosen zu erinnern, die ich als Kind in Portland, Oregon, erlebt hatte. Ihre Verzweiflung hatte mich derart angerührt, dass ich in meiner kindlichen Unschuld häufig Wachträume darüber gehabt hatte, sie zu uns nach Hause mitzunehmen, damit es ihnen besser ging. Meine Schwestern und ich hatten häufig in unseren Gebeten ihrer gedacht. Ich fing wieder zu weinen an, als ich feststellte, dass ich mich fragte, was mit meiner Unschuld passiert war. Shya lehnte sich zurück und ließ mich weinen.

Ich leistete meine ehrenamtliche Arbeit an jenem Abend, aber mein Verstand wanderte weiter umher zwischen dem, was gerade geschehen war, und dem, was sein würde. Immer wieder lenkte ich meine konfusen Gedanken auf das zurück, was ich tat, aber es war eine Herausforderung. Bald war es 23 Uhr und Zeit, nach Hause zu gehen.

Damals fuhr Shya noch sein Motorrad, eine blaue Yamaha 650 Special, liebevoll „Old Blue" genannt. Wir machten uns auf den Weg und fuhren zurück nach „Hell's Kitchen", um den Teufel zu treffen, der vor meiner Tür gewesen war. In Wahrheit war der Teufel mein Stolz und es war Zeit, dass ich etwas davon herunterschluckte, aber ich wusste nicht, ob der Mann dort sein würde. Und wenn es so wäre, was würde ich sagen?

Wir fuhren die West 49. Street entlang zu meinem Haus, Nummer 454, einem braunen Sandsteingebäude auf der linken Seite. Der Mann war weder auf meinen Treppenstufen noch vor meinem Zugang. Er war einen Türeingang weiter zu einem leer stehenden Gebäude umgezogen. Dort lag er, auf der obersten Stufe, stinkend und regungslos, aber ich wusste, dass die potentielle Gefahr lediglich schlummerte und augenblicklich erwachen konnte. Shya glitt mit dem Motorrad langsam an meinem Haus vorbei und brachte es unterhalb der Stufen, wo der Obdachlose schlief, zum Halten. Als wir uns näherten, bequemte sich der Typ in eine sitzende

Position und starrte von oben zu mir herab. Ich schwang mein Bein herüber, stieg vom Motorrad ab und trat allein näher heran.

Ich hätte schwören können, dass der Mann auf weitere Schmähungen gefasst war. Seine Schultern krümmten sich. Er hielt sich an der Stufe fest.

„Sir", sagte ich mit zitternder Stimme, „ich bin hier, um mich zu entschuldigen. Ich habe heute schlimme Worte zu Ihnen gesagt, und das war falsch von mir. Es tut mir leid."

Jetzt wurde mir plötzlich klar, was ich diesem Menschen vermitteln musste: „In Wahrheit habe ich nämlich Angst vor Ihnen. Sie sind um einiges größer als ich, und wenn ich die Stufen herunterkomme und Sie auf meiner Treppe oder vor den Türen liegen, erschrecke ich mich. Ich habe einfach versucht, Sie zum Weggehen zu bewegen, weil ich Angst hatte. Aber ich war gemein. Ich hoffe, Sie werden mir vergeben, weil ich im Unrecht war. Es tut mir wirklich sehr, sehr leid."

Ich stand da und schaute hoch, und er saß dort und schaute hinab. Aber ich wusste, dass ich von Mensch zu Mensch, auf gleicher Augenhöhe zu ihm gesprochen hatte, dass ich meine Angst zugegeben und um sein Mitgefühl für meine Situation gebeten hatte. Und dabei entdeckte ich auch mein Mitgefühl für seine Situation.

Ich habe nie wieder etwas zu ihm gesagt. Allerdings saß er auch nie wieder vor meiner Tür. Eine Zeit lang war ich beim Kommen und Gehen aus meinem Haus sehr achtsam, aber an jenen Tagen, wenn er auf den Stufen nebenan saß, zeigte er keine Regung, mich zu behelligen. Gewöhnlich nickte ich vorsichtig mit dem Kopf, wenn ich vorbeiging und meinen Tag in Angriff nahm.

Später erfuhr ich, dass der Mann Mister Fitzgerald hieß. Ihm hatte einmal das braune Sandsteinhaus auf der anderen Straßenseite gegenüber von meinem Apartment gehört, ehe er in Not geriet. Dies war, wie die Straßenlegende behauptete, bevor seine Frau in jungen Jahren auf tragische Weise unter irgendwelchen Umständen starb, an die niemand in der Nachbarschaft sich zu erinnern schien.

Er wurde von meinem Hauseingang wie magnetisch angezogen. Gewöhnlich starrte er auf das Haus, wo seine geliebte Frau gestorben war. Ich weiß nicht, was aus Mister Fitzgerald überhaupt geworden ist. Er verschwand mit der Zeit und ich lebte mein Leben weiter. Aber ich weiß, dass er eine törichte junge Frau eine simple, doch eindrückliche Lektion über Mitgefühl lehrte.

SEHEN, WIE DICK SICH VERWANDELT

– Aus Shyas Sicht erzählt –

Im Alter von 15 Jahren bekam ich mein erstes Boot. Nun, das war meine Wunschvorstellung. In Wirklichkeit besaß ich kein eigenes Boot, sondern kaufte einen gebrauchten Evinrude-Außenbordmotor mit 10 PS und mietete in der Regel Ruderboote von „Henning's Fishing Station“ am Fuße der Atlantic Beach Brücke. Es war der Sommer, in dem ich als Hilfskraft bei einem Tierarzt arbeitete. Ich bettelte meine Eltern an, mir das Geld für den Motor zu leihen, und versprach, es ihnen aus meinen Einnahmen zurückzuzahlen. Ich investierte 100$, sie streckten mir weitere 200$ vor und ich konnte loslegen. Das einzige Problem war nur, mir machte Fischen viel mehr Spaß, als für jenen Tierarzt zu arbeiten. Daher haben meine armen Angehörigen ihr Geld nie zurückbekommen. Ich wurde gefeuert und ging stattdessen fischen.

Vierzig Jahre später kaufte ich tatsächlich ein eigenes Boot. Mac, ein Freund von uns, nahm Ariel und mich mit zu einer Bootsschau in Connecticut, wo ich wieder zu einem Jungen wurde. Ich ging auf vielen Booten verschiedener Marken umher – Sea Rays und Bosten Whalers, Sea Pros und Markers –

der Stoff, aus dem Träume gemacht sind. Am Ende saß ich schließlich auf einer wunderschönen kleinen „Pursuit“ von etwa sechseinhalb Meter Länge. In der Mitte war ein offenes Steuerpult mit erhöhtem Vorderdeck, einer perfekten Plattform für Fliegenfischen, dem inzwischen meine Leidenschaft galt. Obwohl das Boot uf einem Parkplatz stand, war ich schon auf See und fing Streifenbarsch vom Vorderdeck aus mit einer Fliegenrute, die sich perfekt auswerfen ließ, um Fische zu angeln.

Ariel wusste als Erste, dass wir tatsächlich ein Boot kauften, als ich auf meiner „Pursuit“ saß und ungefähr eine Stunde nicht wegzubekommen war. Es war eine große Familienentscheidung, Geld für ein Boot auszugeben, aber sie wusste, dass mein Herz am Fischen hing, seit ich ein Junge war. Als die Zeit kam, dem Boot einen Namen zu geben, kannte jeder von uns beiden insgeheim und stillschweigend seinen Namen: *Shya's Dream.*

Anfangs war es ein ziemlicher Lernprozess, ein Boot zu steuern. Ich machte einen Kurs in „Gefahrloses Bootfahren“, der von der Küstenwache angeboten wurde. Dann machte mich mein Freund Mac mit dem Konzept des „Andockens und Losfahrens“ bekannt, wobei wir ein Schwimmpolster hinaus in die Mitte der Bucht warfen. Dann versuchte ich, mich diesem Köder zu nähern, so als wäre es ein tatsächliches Dock, und dies unter verschiedenen Wetterverhältnissen, bis ich geübt darin wurde, es nicht zu rammen oder darüberzufahren.

Ariel und ich lebten nicht in der Nähe des Wassers, und daher legten wir bei Zuley's an, einem kleinen Jachthafen an der Küste von Jersey, dem nächstgelegenen zu unserem Zuhause. Er lag in der Nähe der Mündung des Raritan bei Staten Island und es war nur ein Katzensprung zum Atlantik.

Zuley's befindet sich am Rande eines kleinen, von Ebbe und Flut abhängigen Flüsschens, und am Anfang musste ich meine Ankunfts- und Abfahrtszeit genau abstimmen, denn wenn die Flut nicht hinein- oder herausströmte, herrschte Flaute. Das beschränkte unser Kommen und Gehen auf ungefähr eine halbe Stunde alle sechs Stunden. Ich war entschlossen, Meister darin zu werden, mein Boot unter allen Bedingungen anzudocken, und verbrachte daher viele Stunden damit zu lernen, die Auswirkungen der Gezeiten und des Windes auf mein Schiff auszugleichen. Ich war sehr stolz auf mich, als ich vom Novizen zu einem Kapitän wurde, der sich durch alle Arten von Wetter- und Wasserbedingungen hindurchmanövrieren konnte.

Vier Jahre später waren wir in Cape Cod und ich saß auf einem neuen Boot. Es war eine fast neun Meter lange „Contender“. Also begann der Prozess wieder von neuem. Es war Zeit für eine Steigerung. Bald wurden wir stolze Besitzer eines Bootes in der Farbe „Holunderbeere“. Tatsächlich handelte es sich um dunkles cremiges Pink, aber wahrscheinlich dachte der Hersteller, die meisten Männer würden kein rosafarbenes Boot kaufen, und gab ihm daher einen Phantasienamen. Wir nannten es *Dream On.*

Zu diesem Zeitpunkt dockte ich mein Boot immer noch bei Zuley's an. Auf beiden Seiten des von den Gezeiten abhängigen Flüsschens gab es Liegeplätze, und ich hatte mein Boot an einem schwimmenden Dock nahe der Hauptbootsrampe und dem Jachthafen selbst. An den Wochenenden herrschte eine Menge Verkehr hinein in und heraus aus dem Jachthafen, und die Besitzer heuerten Dick an, einen pensionierten Polizisten des Staates New Jersey, um beim Dock zu sitzen, Gebühren für die Rampe einzunehmen und die Leute anzuweisen, wo sie ihre Autos und Anhänger den Tag über parken konnten. Dick war eigentlich selbst ein ziemlich erfahrener Kapitän, aber seine Gesundheit war etwas schwach, und ich denke, das beschränkte ihn mehr auf das Land, als ihm lieb war. Er war jedoch sehr gut darin, nervösen Kapitänen dabei zu helfen, ihr Schiff auf die Rampe zu lenken, besonders wenn die Flut hereinströmte.

An einem Samstagnachmittag fuhr ich mein Boot rückwärts zu meinem Liegeplatz und Dick saß in der Nähe. Es war ein heikles Manöver, aber inzwischen war ich sehr erfahren darin, die Schnelligkeit des Wassers und die Schubkraft des Windes auszugleichen, und konnte um andere Boote und das hervorstehende Dock herumgleiten. Dick eilte mir zu Hilfe und begann mir Anweisungen zuzurufen. Ehrlich gesagt empfand ich seine „Hilfe" in diesem Augenblick als Einmischung. Es war eine Ablenkung von der heiklen Prozedur des Andockens, die zu unternehmen ich gerade versuchte. Dick hatte keine Ahnung, dass ich diesen Schritt schon viele, viele Male gemacht hatte und stolz darauf war, wie gut ich dieses Manöver ausführen konnte.

Ich sagte Dick, dass ich seine Hilfe nicht brauche. Es kam knapper heraus, als ich es beabsichtigte. Stolz prallte auf Stolz. Dick mag ein großer Mann gewesen sein, 1,85 Meter und über zwei Zentner schwer, aber in seinem Innern war er ein empfindlicher Knabe. Ich hatte seine Gefühle verletzt. Dick war nicht einmal klar, wie aufgebracht er war, aber das wurde schließlich offenkundig.

Als ich an diesem Tag das Dock verließ, entschuldigte ich mich für mein Murren. „Hm" oder etwas in der Art war die Antwort. Keiner von uns beiden wusste zu dieser Zeit, dass dies der Anfang eines Willensduells war, das zwei Jahre dauern würde.

Für den Rest der Saison sah ich Dick nicht mehr oft. Normalerweise leitete ich Seminare am Wochenende und versuchte, zumeist während der Woche Boot zu fahren, wenn es in der Bucht weniger voll war. Da Dick nur samstags und sonntags arbeitete, hatten wir in jenem Jahr nur sehr wenige Berührungspunkte.

Im nächsten Jahr belegten mein Boot und ich einen anderen Liegeplatz auf der anderen Seite des von den Gezeiten abhängigen Flüsschens, genau gegenüber von der Bootsrampe und Dick. An einem Samstagmorgen, zu Anfang der Saison, kam ich am Jachthafen an und stellte fest, dass es draußen kalt und stürmisch war. Ich war nicht allzu überzeugt davon, dass ich viel Zeit draußen auf dem aufgewühlten Wasser zubringen wollte, aber da ich eine neue Fliegenrute hatte, überlegte ich mir, das Auswerfen von meinem Dock aus etwas zu üben. Vielleicht würden das Wetter und die Wogen sich in der Zwischenzeit beruhigen.

Ich wunderte mich, als ich eine Stimme von der anderen Seite rufen hörte: „Heda, gehen Sie vom Dock herunter!“

Ich blickte auf und es war Dick. Ich rief zurück: „Keine Sorge, Dick, ich bin es, Shya. Ich habe die Erlaubnis, hier zu sein. Das ist mein Liegeplatz."

„Nein, gehen Sie vom Dock herunter! Zuley möchte nicht, dass jemand dort oben ist."

„Das ist mein Boot und mein Liegeplatz. Zuley sagt, es sei in Ordnung, wirklich", brüllte ich zurück. „Rufen Sie Zuley an und sie wird Ihnen sagen, dass es in Ordnung ist."

„Nein, gehen Sie sofort vom Dock herunter oder ich hole die Polizei!"

Ich konnte sehen, dass er sehr erregt war, und um die Sache nicht noch schlimmer zu machen, beschloss ich, den Heimweg anzutreten. Als ich vom Parkplatz wegfuhr, sah ich einen Streifenwagen hineinfahren. Dick war aufgebracht, in Ordnung.

Am nächsten Tag rief ich Zuley an. „Hallo", sagte ich, „können Sie Dick bitte erklären, dass es okay für mich ist, auf dem Dock zu sein? Er war gestern mir gegenüber sehr aufgebracht und hat tatsächlich die Polizei geholt, als ich wegging, weil er dachte, ich wäre nicht dazu befugt."

Zuley entschuldigte sich für die Verwirrung und versprach, mit Dick zu reden.

Am nächsten Wochenende wiederholte sich die Szene. Diesmal keine Polizei, aber er brüllte in meine Richtung. Ich steuerte einfach mein Boot an und dann aufs Wasser hinaus.

Ich rief Zuley erneut an. Diesmal war es schon eher eine Beschwerde.

„Zuley, können Sie bitte mit Dick reden? Er hat mich beschimpft, als ich zu meinem Boot ging."

„Es tut mir leid", sagte sie. „Er kann sehr besitzergreifend werden. Er ist wie ein alter Wachhund. Ich werde mit ihm sprechen."

Es spielte keine Rolle, was sie sagte. Dick war wie ein Hund mit einem Knochen, den er nicht loslassen wollte. Zuley machte den Versuch, mir einen besonderen Passierschein für das Dock zu schreiben, eine Erlaubnis an der Stoßstange meines Autos zu befestigen – doch vergeblich. Sie konnte ihn nicht entlassen, weil er in anderer Hinsicht zuverlässig war und sie ihn brauchte. Ich kam nur noch ausschließlich während der Woche zum Jachthafen.

Im nächsten Jahr war mein Liegeplatz wieder auf der Seite des Jachthafens in der Nähe der Bootsrampe und in der Nähe von Dick. Ich probierte verschiedene Taktiken aus, um die Situation zu lösen. Ich versuchte mich zu entschuldigen. Ich dachte, wenn ich ihm sagte, dass es mir leid tue, könnten wir dieses Missverständnis hinter uns lassen und, wenn nicht Freunde, so doch zumindest freundlich sein. Dick war nicht daran interessiert. Er behauptete, dass er nichts mit mir laufen habe. Daher nickte ich ihm grundsätzlich zu, wenn ich kam und ging, beschränkte mich aber darauf.

Bald begannen merkwürdige Dinge an meinem Boot zu geschehen. Es gab Halteleinen, die ich dazu benutzte, um mein Boot am Dock zu vertäuen. Diese Taue waren viel länger, als ich sie brauchte, und daher rollte ich den Rest neben den Dockklampen auf. Das sah ordentlich aus und verhinderte, dass sich die Leinen verhedderten und man darüber stolperte. Es gab jedoch so manch einen Morgen, an dem ich die Leinen in Unordnung und im Wasser baumelnd vorfand.

Wie ärgerlich, dachte ich und rollte sie fein säuberlich auf dem Dock wieder auf. Aber sie blieben niemals lange so.

Schließlich begann ich ein Muster festzustellen. Wenn ich an einem Montag hinausfuhr und wieder an einem anderen Wochentag, wie beispielsweise an einem Donnerstag, zum Bootfahren ging, waren meine Leinen gewöhnlich ordentlich aufgerollt, genauso wie ich sie zurückgelassen hatte. Wenn ich jedoch nach einem Wochenende zum Boot kam, waren die Leinen stets ins Wasser gekickt und wurden braun von Schlick und Algen.

Ich verdächtigte Dick, aber es schien so kleinlich zu sein. Er war schließlich ein erwachsener Mann. Vielleicht waren es Kinder, die hierherkamen, oder Zuleys kleiner Enkel. Ich beschloss, Dick im Zweifelsfalle freizusprechen und meinen Verdacht für mich zu behalten.

Als ich das nächste Mal zum Dock kam, brachte ich meinen Drillbohrer und einige Schrauben mit. Nachdem ich die Leinen ordentlich aufgerollt hatte, befestigte ich sie mit ein paar Schrauben und rechnete mir aus, dass es damit weniger wahrscheinlich war, die Leinen unbeabsichtigt ins Wasser zu befördern, und weniger einladend für einen jungen Burschen, sich daran zu schaffen zu machen. Doch es dauerte nicht lange, bis die Leinen erneut losgerissen und durcheinandergeworfen warfen und sich wieder im Wasser befanden.

Das war nicht mehr lustig. Es fühlte sich an, als hätte mir jemand Rache geschworen. Es schien eindeutig nicht zufällig zu sein. Es fühlte sich eher persönlich an. Konnte es am Ende doch Dick sein?

Dann an einem Sonntagsmorgen erreichte ich den Jachthafen, kurz nachdem Dick die Tore aufgeschlossen hatte und gerade dabei war, seinen Stuhl und Sonnenschirm aufzustellen, um sich auf seinen Tag vorzubereiten. Wieder waren die Taue ins Wasser geworfen worden, aber diesmal war etwas anders. Sie waren noch aufgerollt. Sie waren nicht lange genug im Wasser gewesen, um sich zu glätten. Ich wusste, dass ich den Schuldigen hatte. Das Beste wäre, ihn auf frischer Tat zu ertappen.

Wieder wandte ich mich an Zuley. „Das wird langsam lächerlich", beklagte ich mich. „Bootfahren soll Spaß machen und entspannend sein und nicht stressig wie das hier. Ich fühle mich wie in einem Kriegsgebiet."

Zuley verteidigte Dick und ich verstand sie. Wenn sie wirklich einsah, dass er sich wie ein Vandale an meinem Liegeplatz aufführte, hätte sie ihn feuern müssen; dann müsste sie jemand Neuen finden und Dick, mit all seiner Erfahrung, wäre schwer zu ersetzen.

„Ich kann nicht glauben, dass er so unreif sein sollte", sagte sie. „Er war immerhin Staatspolizist!"

„Aber, Zuley, diese Leine war nicht länger als zehn Minuten im Wasser gewesen, und er hatte gerade den Bootsplatz mit seinem Schlüssel aufgeschlossen. Können Sie nicht einfach mal mit ihm reden und ihn bitten, mich in Ruhe zu lassen!"

Sie sagte, sie würde es tun. Ich hatte die ehrliche Hoffnung, dass sich die Dinge danach beruhigen würden, weil er nun eindeutig in die Sache verwickelt war. Leider irrte ich mich.

Als ich das nächste Mal mit *Dream On* zu einer Spritzfahrt herausfahren wollte, kam ich an einem Donnerstag auf den Bootsplatz. Es war ein ruhiger Tag. Ich freute mich auf etwas Ruhe und Neubelebung von unserem vollen Terminplan. Es war Ebbe, ich ging die Rampe entlang und wieder waren meine Leinen in Unordnung. *Okay,* dachte ich, *ich werde mich einfach daran gewöhnen müssen.* Ich hatte alles versucht, was ich wusste. Ich hatte mich entschuldigt, beschwert, es ignoriert, es umgangen – und immer noch waren wir im Unfrieden.

Als ich mein Seezeug auf das Dock legte und mich anschickte, an Bord zu gehen, bemerkte ich etwas Seltsames. Mein Boot hatte einen Schmutzfleck, einen gelben Schmutzfleck. Als ich genauer hinschaute, erkannte ich, dass jemand auf mein Boot uriniert hatte!

Das brachte das Fass endgültig zum Überlaufen. Ich fühlte mich dort nicht mehr sicher. Was käme als Nächstes: Zucker im Benzintank? Ich zitterte, als ich Ariel anrief, um ihr das Letzte in diesem Fortsetzungsroman zwischen Dick und mir zu berichten.

Wir stimmten beide darin überein, dass es Zeit sei, *Dream On* nach Hause zu holen, denn gegenwärtig hatte sich der Traum in einen Albtraum verwandelt.

Zwei Wochen ruhte unser Boot im Bootsschuppen neben unserem Haus. Ich bat Zuley, sie solle meinen Liegeplatz an jemand anderen vermieten, denn ich könne es nicht mehr ertragen, zu ihrem Jachthafen zu gehen. In der Nacht nagte die Situation vor dem Einschlafen an mir. Dann fiel mir plötzlich die Antwort auf meine verwirrende, quälende Situation ein. Ich wusste, was ich zu tun hatte. Ich musste mich entschuldigen, wirklich entschuldigen.

Ja, ich hatte Dick schon vorher gesagt, es tue mir leid, aber nur, um das zu bekommen, was ich wollte: um ihn mir vom Hals zu halten, ihm aus dem Weg zu gehen und ihn von meinem Boot wegzubekommen. Ich wachte um vier Uhr morgens auf und machte mir klar, dass Dick sehr stolz auf seinen Job ist, auf seine Fähigkeiten und seine Verantwortung, und ich hatte ihm eine Abfuhr erteilt, als ich mir an jenem Tag beim Andocken nicht von ihm helfen lassen wollte. Alles andere war aus diesem Augenblick entstanden. Ich konnte „im Recht" sein oder ich konnte „lebendig" sein.

Ariel und ich sprechen oft mit Leuten über den Unterschied zwischen im Recht sein und lebendig sein und dass im Recht zu sein, selbst wenn du recht hast, seinen Preis hat. Du musst aufgeben, lebendig zu sein. Und wenn du die Erfahrung machen willst, lebendig zu sein, dann musst du aufgeben, „im Recht“ zu sein. Ich wusste, dass ich im Recht war und Dick sich nicht an meinem Boot zu schaffen machen sollte, aber ich konnte weiter diese Haltung einnehmen *oder* wirklich und wahrhaftig Frieden schließen.

Ich weckte Ariel aus dem Schlaf auf und berichtete ihr von meiner Erkenntnis.

„Ich weiß, was ich tun muss, Ariel. Ich muss mich bei Dick entschuldigen und es wirklich so meinen. Ich muss dorthin gehen, mit offenem Herzen, und mich richtig entschuldigen, ob er es nun akzeptiert oder nicht. Ich habe seine Gefühle verletzt. Ich war unfreundlich. Das muss ich wiedergutmachen.“

„Ich freue mich“, sagte sie schläfrig und legte ihren Arm über meine Brust. „Wie wäre es, wenn wir morgen dorthin gehen? Lass uns ein paar Pfirsiche aus der Gegend vom Bauernhof nebenan als Geschenk für ihn mitnehmen.“

Am nächsten Tag besorgten wir eine Kiste Pfirsiche, kuppelten das Boot und den Anhänger an unserem „Chevrolet Suburban“ an und machten uns auf den Weg zu Zuley’s. Es war ein heißer Tag, und als wir ankamen, stand Dick auf dem Dock und redete mit einem Freund. Ich holte tief Luft und stieg aus dem Auto aus. Ariel, die Kiste Pfirsiche auf ihrer Hüfte ruhend, begleitete mich auf meiner Mission.

Dick starrte mich an, als ich auf ihn zukam. Ich sagte zu ihm: „Dick, ich würde gerne mit Ihnen sprechen, ich schulde Ihnen wirklich eine Entschuldigung." Mit einem überraschten Blick ging Dicks Freund fort, damit wir ungestört waren. Dick wirkte schockiert und skeptisch, aber ich machte weiter.

„Ich habe mich wie ein Vollidiot benommen, und es tut mir wirklich leid für all den Kummer, den ich Ihnen mit Zuley bereitet habe. Ich weiß, dass Sie hier tolle Arbeit leisten, und das Letzte, was Sie brauchen, ist jemand wie mich, der Ihnen Kummer zufügt. Ich wüsste es wirklich zu schätzen, wenn Sie meine Entschuldigung akzeptieren würden."

„Wissen Sie", sagte er, „es erfordert einen großen Menschen, um zuzugeben, dass er im Unrecht ist." Und er streckte seine große Hand aus. Ich ergriff sie und er gab mir einen festen Händedruck, „Sie hätten mir damals sagen sollen, dass Sie die Erlaubnis hatten, auf dem Dock zu sein. Das hätte ich verstanden."

Da wurde mir klar, dass Dick sich nicht an das ursächliche Geschehen erinnerte. Er erinnerte sich nicht einmal daran, wie ich ihn – seiner Meinung nach – angeschnauzt hatte. Seine Erinnerung an die Ereignisse war anders als meine. Ich wusste, dass ich ihm sagen könnte, ich hätte ihm doch mitgeteilt, dass ich die Erlaubnis hatte, auf jenem Dock zu sein, aber er hätte es nicht hören wollen. Ich wusste, dass es der Wahrheit entsprach, aber ich wusste auch, dass es bloß die Funken des Unfriedens wieder entzünden würde – und ich war zum Frieden bereit.

„Sie haben recht, Dick", sagte ich. „Noch einmal, es tut mir leid."

„Schwamm drüber!", entgegnete er.

Ich nahm die Kiste von Ariel. Sie war Zeugin des Geschehens gewesen und hatte ruhig das Geschenk gehalten. Wenn er meine Entschuldigung zurückgewiesen hätte, dann hätten wir die Pfirsiche wieder mit nach Hause genommen, weil sie wirklich als Geschenk gedacht waren und nicht als Lösegeld, um leichter eine Waffenruhe zu erreichen.

„Ich habe ein Friedensangebot für Sie. Unser Nachbar züchtet die köstlichsten Pfirsiche. Diese hier sind für Sie."

Dick nahm die Kiste. Er stellte sie auf den Vordersitz seines Autos und erzählte uns, dass seine Freundin einige Obsttorten damit backen würde. Wir fragten ihn, wo wir parken sollten, sobald wir unser Boot ins Wasser gebracht hatten, und er zeigte uns einen Platz. Zum ersten Mal seit zwei Jahren gingen wir zu unserem Boot und waren in vollem Frieden mit Dick und dem Bootsplatz.

Etwas Komisches geschah während der restlichen Saison. Unsere Halteleinen blieben fein säuberlich aufgerollt auf dem Dock.

Ich stelle mir vor, dass Dicks Obsttorte sehr lecker geschmeckt hat.

IDA

– Aus Ariels Sicht erzählt –

Ida atmete nicht mehr. Ihre Halsschlagader pulsierte noch regelmäßig, und ich beugte mich vor und beobachtete ruhig, wie ihre Lippen sich blau färbten. Ich wusste, dass es nur noch wenige Augenblicke dauern würde …

Shyas Mutter Ida war seit einiger Zeit immer wieder ins Krankenhaus eingeliefert und dann weder nach Hause entlassen worden. Sie war 84 Jahre alt, und ihr Arzt hatte ihr Herz mit einem Reifen verglichen, der alt und abgenutzt war – und jederzeit platzen konnte. Max, Shyas Vater, war verständlicherweise sehr aufgebracht über diese Analogie gewesen. Auch wenn dieser Vergleich vielleicht nicht gerade feinfühlig war, hatte ich den Eindruck, dass der Arzt sein Möglichstes tat, um Max auf das Unvermeidliche vorzubereiten. Es ist nicht verwunderlich, dass ich durch die Bemerkungen des Arztes nicht so aus der Fassung geriet wie Max. Ida war nicht meine Ehefrau, und ich hatte nicht 64 Jahre meines Lebens mit ihr verbracht.

Mehr als 50 von diesen 64 Jahren hatten Max und Ida zusammengearbeitet. Als junge Buchhalterin hatte Ida ein Auge auf Max geworfen, der damals ein junger Zuschneider im New Yorker „Garment District“ war. Ein Zuschneider ist jemand, der die Schnittmuster auf den Stoffen ausbreitet und dann die Vorlagen zum Nähen ausschneidet. An dem Tag, an dem Max sie um eine Verabredung bat, so wurde mir erzählt, soll Ida unter der Voraussetzung zugestimmt haben, mit ihm auszugehen, dass er ihr ein Schnittmuster für eines der aufregenden neuen Frühjahrskleider mitbringen würde. Max erfüllte ihre Bitte, und dies war der Beginn einer langen und fruchtbaren Beziehung.

Manchmal frage ich mich, was Ida mit jenem Schnittmuster gemacht hat, denn Nähen war nicht gerade eine große Stärke von ihr. Zu der Zeit, als ich sie kennenlernte, widmete sie sich der Verschönerung von Pullovern, wofür sie rautenförmige Stoffstreifen in einer Kontrastfarbe auf die Vorderseite applizierte, diese Flicken mit Stoffresten in einer weiteren Farbe besetzte und zum Abschluss der Arbeit dann ein Designer-Etikett hineinnähte. Ida besaß eine erstaunliche Sammlung von Hüten, Pullovern und dergleichen mehr, und ich bin davon überzeugt, dass Bill Blass, Scasi, Vera Wang und Carolina Herrera zusammengezuckt wären, wenn sie ihre Namen darauf gesehen hätten.

Idas körperlicher und geistiger Abbau hatte sich über mehrere Jahre hingezogen. Anfangs war er nicht so offensichtlich gewesen. Im Alter von 80 Jahren machte Ida immer noch an zwei Tagen in der Woche die Buchführung für die *Max Kane Dress Company* in New York, wo Max Designerkleidung, Hochzeits- und Ballroben anfertigte.

Die Veränderungen in Idas gesundheitlicher und geistiger Verfassung sind eingefangen in lichtbildartigen Zeitabschnitten des Fabriklebens. Obwohl sie hin und wieder auch zu Besuch zu uns nach Hause kamen, trafen wir sie meistens in der Fabrik, die von Ida und Max „der Ort“ genannt wurde.

Bei einem solchen Besuch stellte uns Ida völlig überraschend die Frage: „Was braucht ihr? Wenn ihr irgendetwas braucht, lasst es mich nur wissen, und ich werde euch helfen. Sagt es bloß Mister Kane nicht.“ In der Fabrik nannte sie Max immer „Mister Kane“, selbst uns gegenüber.

Das Angebot, uns Geld zu geben, war für Shya ein regelrechter Schock. Noch nie in seinem Leben hatte sie ein solches Angebot gemacht. Als er heranwuchs, war Geld immer sehr knapp gewesen. Die ersten Kleidungsstücke, die er jemals besaß und die nicht secondhand waren, hatte er mit 15 Jahren von selbstverdientem Geld bezahlt. Spartanische Ausgaben beim Kleiderkauf waren nur die Spitze des

Eisbergs, wenn es um Idas Umgang mit Geld ging, doch darauf will ich später noch zurückkommen.

Wir nahmen Idas Angebot an. Mit ihrer Hilfe konnten wir unser erstes gebrauchtes Auto kaufen, einen hellgelben Volkswagen „Rabbit“ Baujahr 1984, der mehr als zehn Jahre lang wie ein Prachtstück lief. Sie half uns auch dabei, unseren ersten gebrauchten Computer zu kaufen, ein großes, altes, klobiges Teil, das uns in das Computer-Zeitalter katapultierte. Wir waren sehr dankbar für die Unterstützung und respektierten ihre Bitte, es Mister Kane nicht zu sagen.

Bei einigen unserer wöchentlichen Besuche des Ortes sprach Ida häufig über das Geschäft und verschiedene Aufträge. Ganz unvermittelt aber begann sie über einen Designer zu reden, für den Max seit 10 oder 15 Jahren nicht mehr gearbeitet hatte, so als würde es sich um laufende neue Aufträge handeln. Es war so, als hätte die Nadel eines alten Plattenspielers auf unerklärliche Weise Rillen übersprungen und würde nun ein früheres Lied nochmals abspielen. Für Ida verlief die Zeit nicht mehr linear. Wir begannen uns Sorgen zu machen um ihre Fähigkeit, die Bücher zu führen, da es immer mehr zu einer Belastung für sie zu werden schien. Während dieser Zeit führten sie und Shya ein sehr offenes Gespräch.

Die nebeneinander aufgereihten Nähmaschinen surrten und vibrierten im Hintergrund, während wir in ihrem kleinen Büro unter der Neonröhre saßen. „Mama, mich beschäftigt etwas", begann er. „Was wäre denn, wenn du krank oder arbeitsunfähig würdest? Wer wird über eure Finanzen Bescheid wissen? Weiß Papa, welche Aktien ihr habt und wo die Konten geführt werden?"

Die Antwort lautete „Nein". Ida war die ganzen Jahre über sehr verschwiegen gewesen, aber regelmäßig flatterten Aktiendividendenscheine ins Haus. Den Stapel benutzter Briefumschläge bewahrte sie, von Gummibändern zusammengehalten, auf, denn, wie sie sagte, „man weiß ja nie, wann man Schmierpapier brauchen könnte". Nun, in der Fabrik, nahm Ida einen großen Bogen Schnittmusterpapier und zeichnete einige Kästchen und die Liste ihrer Vermögenswerte darauf. Es war unübersehbar, dass vieles fehlte, aber es war ein Anfang.

Bald begann Ida die meiste Zeit über zu Hause zu bleiben. Die Stadt war zu weit entfernt, ihre Gesundheit ließ nach, und es fing auch damit an, dass sie ihr Gleichgewicht verlor und hinfiel. Zum Glück war Max, gerade einmal 1,60 Meter groß, immer noch kräftig genug, um sie aufzuheben, denn er hatte sein ganzes Leben lang hart gearbeitet. Doch er machte sich Sorgen um ihre Sicherheit, wenn er nicht zu Hause war, und daher stellte er eine Tageshilfe ein, die ihr Gesellschaft leistete und auf sie aufpasste.

Idas physischer Verfall, der unerbittlich zu diesem Krankenhausbett geführt hatte, war zu manchen Zeiten gnädig und zu anderen beschwerlich und schmerzlich. Zum Beispiel war es schmerzlich für einen vorher nicht auf fremde Hilfe angewiesenen Menschen, nicht mehr Auto zu fahren. Niemand wollte ihr sagen, dass sie damit aufhören sollte, und ihr diese Freiheit nehmen. Schließlich verwechselte sie eines Tages den Rückwärtsgang mit der Parkposition, und da sie glaubte, das Auto geparkt zu haben, stieg sie aus. Der Wagen rollte rückwärts, und dabei warf die Tür sie zu Boden. Es war an der Zeit. Sie ist nie wieder Auto gefahren.

Sie gab auch die Buchführung nur äußerst ungern auf, aber sie konnte die Berechnungen nicht mehr machen. Auf Idas Drängen nahm Max zuerst die Arbeit für sie nach Hause mit, doch schon bald regte sie sich regelmäßig darüber auf und ärgerte sich; deshalb hörte er damit auf und besorgte sich einen Buchhalter in der Stadt. Es dauerte nicht lange, da war es an der Zeit für ein weiteres ehrliches Gespräch. Oh, diese Unterredungen konnten mühsam sein! Wie bringt man gegenüber einem Elternteil – oder überhaupt bei einem anderen Menschen – seine Sterblichkeit, seine nachlassende Gesundheit und seine abnehmenden geistigen Fähigkeiten zur Sprache? Darin sind die meisten von uns nicht geübt. Ich bin mir sicher, dass meine Eltern ähnlich empfanden, als sie Themen anschneiden mussten, die mir als Heranwachsende peinlich waren oder die mich aufregten. Jetzt aber waren die Rollen endgültig und unwiderruflich vertauscht. Wir traten nun als Eltern auf und handelten, wie wir hofften, zu Idas Bestem, während sie rapide die Rolle des Kindes annahm.

„Mama, wir müssen eure Finanzen in Ordnung bringen", sagte Shya eines Tages mutig am Telefon. „Wo hebst du eure Aktienzertifikale und Belege auf?"

Ida wurde nervös und druckste herum, doch schließlich sagte sie uns, sie wären zu Hause, in der Tiefkühltruhe. Sofort stellte ich mir in Eisblöcken eingefrorene Aktienzertifikate und Wendungen wie „cool cash" und „eingefrorene Guthaben" vor. Wir wussten, dass wir nicht in unserem Element waren. Wir würden jemanden brauchen, der mehr Ahnung hatte als wir und uns dabei half, die Dinge auf die Reihe zu bekommen. Daher nahmen wir die Dienste von Josh Blau, unserem Buchhalter und Freund, in Anspruch, uns zu begleiten und eine Razzia auf Idas Kühltruhe zu machen.

Als wir an jenem Tag zu ihr kamen, warteten auf uns alle ein paar Überraschungen. Überraschung Nummer eins: Ida war gelassen und nicht beunruhigt über das, was wir vorhatten. Entweder hatte sie akzeptiert, dass es Zeit war loszulassen, oder ihr Denkvorgang war in eine andere Kerbe geglitten und sie begriff nicht mehr, warum wir überhaupt da waren. Ich mochte es nicht, auf den Plastikschonbezügen zu sitzen, die Ida verwendete, um die Wohnzimmermöbel zu schützen; daher bat ich sie, in der Essecke mit mir ein Schwätzchen zu halten.

Doch als Shya und Josh die Tiefkühltruhe untersuchten, entdeckten sie Überraschung Nummer zwei: Die Tiefkühltruhe war leer. Hatte sie die Sachen vor uns verborgen? War dies ein neues Versteckspiel? Ida wirkte arglos. Es war an der Zeit, auf die Jagd zu gehen.

Ich dachte an meine Schwestern und mich, als wir jung waren, und wie wir etwas versteckten und gewöhnlich eine von uns nach dem verborgenen Gegenstand suchte. Diejenige, die das Versteck kannte, gab dann Rückmeldung, während wir anderen suchten: „warm, wärmer, heiß, heißer" usw., wenn wir uns dem Versteck näherten, oder „kalt, kälter, eiskalt", usw., wenn wir uns davon entfernten.

Nun, die Tiefkühltruhe war zwar ziemlich warm, aber nicht das tatsächliche Geheimlager. Neben der Tiefkühltruhe stand eine alte braune Tragetüte. Diese Tüte war heiß – glühend heiß. In dieser Tüte fanden wir über viele Jahre angesammelte finanzielle Informationen.

Das Durchsuchen dieses Banksafes aus braunem Papier erwies sich als gefährliche Mission. Ida hatte die Tüte gegenüber möglichen Eindringlingen unbeabsichtigt mit einer Schreckschussladung versehen. Sie hatte es nämlich nicht für nötig gehalten, Büroklammern zu kaufen, da sie aus ihrer Kleiderfabrik einen unerschöpflichen Vorrat an dünnen, spitzen Stecknadeln besaß. In vielen Fällen zog Josh seine Hand aus dieser Wundertüte für Erwachsene und das Dokument kam automatisch mit zum Vorschein, da die dazugehörige Stecknadel sich in seinem Daumen oder einem anderen Finger festgehakt hatte.

Alte zerbröselnde Stückchen von Papierdeckchen, Linoleum, Gewebefasern und alte, uralte Aktienzertifikate wie Studebaker hatten in jener Tüte überlebt. Da waren auch noch andere Tüten. Plötzlich begann sich die Sache aufzuklären. Briefumschläge und Gummibänder waren nicht das Einzige, das Ida gesammelt hatte. Ohne Wissen ihrer Kinder oder selbst von Mister Kane hatte Ida in jenen

Tüten ein wahres Vermögen angesammelt. Max war schockiert.

„Sie regt sich immer noch auf, wenn ich ‚Minute Maid' Orangensaft statt einer billigeren Marke kaufe", lautete sein Kommentar, an den ich mich am deutlichsten erinnere.

Damit war ein weiteres Puzzleteil ergänzt worden, und allmählich kam ein ganzes Bild zum Vorschein. Nun wusste ich, weshalb Ida niemals wollte, dass wir Mister Kane etwas von jenen früheren Geschenken sagten. Sie wollte nicht, dass er Verdacht schöpfe, sie habe Geld zum Ausgeben.

Monate später saß ich im Krankenhaus an ihrem Bett und beobachtete, wie ihre Lippen blau wurden. Der Augenblick war da. Ich hielt Idas Hand und beugte mich direkt in ihre Blickrichtung, so dass sich mein Gesicht ganz nahe vor ihrem befand. Es war wichtig für sie zu wissen, dass sie nicht allein war. Und hier war es, das Keuchen, das reflexartige Greifen nach meiner Hand, wenn Ida von ihrer Reise zurückkehrte und in Panik nach Luft schnappte, während ihr Körper, der noch nicht ganz zum Loslassen bereit war, sein Bedürfnis nach Sauerstoff wieder geltend machte.

Ich war nun seit mehreren Stunden bei Ida. Sie hörte regelmäßig auf zu atmen, driftete ab und kehrte dann mit der Schreckensangst von jemand zurück, der unter Luftmangel leidet. Ihr Organismus reagierte mit Signalen, die Alarmsirenen und Warnglocken entsprachen. „Du erstickst“, schrie er, und mit einem Ruck kehrte sie in Todesangst wieder ins Leben zurück. Ich hatte keine Angst um sie, und das zeigte sich in meinem Gesichtsausdruck und Verhalten. Deshalb hielt ich mein Gesicht direkt in ihrer Richtung, denn so würde es das erste Bild sein, auf das ihr Blick fiel. Meine Ruhe würde dann auf sie übergehen.

Verstehst du, ich wusste in meinem Herzen, dass Ida Angst vor dem Sterben hatte. Ich wusste auch, dass jeder kurze Abstecher, den sie nun machte, wie ein „Probelauf“ war und dass meine Präsenz ihre Angst auflösen und ihren Übergang erleichtern konnte. Und dabei empfing ich viele Gaben. Ich sah das Staunen in ihren Augen, wenn sie zurückkehrte, und während sie sich auf meinen Blick konzentrierte, durchströmte Liebe ihr Gesicht. Manchmal, wenn sie wieder ins Bewusstsein auftauchte, wiederholte sie immer wieder denselben Satz. Nach und nach erkannte ich, dass viele dieser Sätze ungelöste Angelegenheiten darstellten, die ihr seit langem als Überbleibsel erhalten geblieben waren. Bei anderen handelte es sich um Geschichten oder Ereignisse, auf die sie stolz war und die sie mitteilen musste.

Und ich war das Gefäß, die glückliche Empfängerin dieser Gaben. Natürlich war Shya das auch, denn er befand sich ebenfalls im Zimmer; aber da ich mit Ida gern auf diese Weise zusammen war, ließ er mir den Raum dafür.

Ida hielt meine Hand umklammert und kehrte taumelnd in diese Realität zurück. Einen Augenblick lang war sie desorientiert und versuchte sich aufzurichten, um mehr Luft zu bekommen. Dieses Gefühl kenne ich gut – es ist mir nicht gerade angenehm. Manchmal, wenn ich etwas herunterschlucken will, inhaliere ich stattdessen tatsächlich meinen Speichel, und meine Kehle geht zu; da ich dann das Gefühl habe, nicht atmen zu können, ist es schwer, zu entspannen und nicht in Panik zu geraten. Entspannung aber war genau das, was ich mit Ida übte.

Ich freue mich so, dich zurückkommen zu sehen, sagte mein Blick.

Ihr Blick war sehr eindringlich. *Es gibt etwas, das ich dir sagen muss,* erwiderte er.

Als ich so aufmerksam lauschte, wie mir nur möglich war, sagte sie: „Du hast keine Ahnung, was es heißt, auf Geld angewiesen zu sein und es dann zu verlieren. Ich habe mir geschworen, dass ich nie wieder auf Geld angewiesen sein würde!“ In ihren

Augen lag ein Flehen. *Verurteile mich nicht!,* baten sie.

Weitere Puzzleteile fügten sich behutsam zusammen. Natürlich machen viele Familien kritische Zeiten durch und müssen jeden Pfennig umdrehen, um ihr Auskommen zu haben, doch für Ida war Geldsparen immer oberste Priorität gewesen. Als Shya 13 Jahre alt war, bekam seine ältere Schwester Sandra einen Knoten an ihrem Hals. „Nur eine geschwollene Drüse", meinte der Arzt. Sechs Monate lang blieb diese „Drüse" geschwollen und vergrößerte sich, doch es wurden keine weiteren Arztbesuche geplant und kein zweites Gutachten eingeholt. Schließlich und endlich gingen sie wieder hin – doch nun war es zu spät. Sandra hatte Rückenmarkskrebs und starb an dieser Krankheit sieben lange Jahre später im Alter von 24 Jahren.

Auf die Entscheidung, ein weiteres Vorgehen wegen Sandras Knoten zu verschieben, hatten einige Familienmitglieder erbittert reagiert. Doch als ich nun neben dieser zerbrechlichen alten Lady saß und ihre Hand hielt, wurde mir bewusst, dass Ida zu irgendeinem Zeitpunkt, als sie noch jung war, sich feierlich geschworen hatte, Geld zu sparen – wie groß dieses Opfer auch erscheinen würde. Sie hatte sich dieses Versprechen selbst gegeben und niemals einen Blick darauf verwendet, was die Zukunft bereithalten könnte – und dafür hatte sie den höchsten Preis bezahlt.

„Es ist nicht richtig, dass Eltern länger als ihre Kinder leben", hatte sie mir mehr als einmal gesagt.

Zärtlich lächelte ich sie an. *Ich liebe dich. Ich vergebe dir. Es ist alles gut, du kannst dich nun ausruhen.*

Bald begann Ida mit immer größerer Leichtigkeit, sich aus ihrem Bewusstsein zu bewegen und wieder hineinzugleiten. Heute würde nicht ihr Todestag sein, aber er kam näher. Ich konnte es spüren. Sie hatte nur noch einige wenige kostbare Tage.

Etwa zehn Tage später war Ida wieder auf der Intensivstation. Sie würde nicht mehr nach Hause zurückkehren. Wie zuvor glitt sie nach innen und kam wieder zurück, hörte auf zu atmen, ihre Halsschlagader pulsierte, aber jetzt war dieser Vorgang unendlich viel leichter und einfacher. Ihre Augen blieben offen, ihr Blick war fest, und sie ging einfach fort. Wenn sie wieder zurückkehrte, war dies jedes Mal anders, neu und lebendig. Es verlief etwa so:

Als Ida das Bewusstsein von ihrer Umgebung wiedererlangt hatte, sagte Shya:

„Hallo, Ida. Hast du eine schöne Reise gehabt?"

„Oh ja“, entgegnete sie voller Begeisterung, „es war wunderschön!“

Sie lächelte, ihr runzeliges altes Gesicht und ihre eingesunkenen Augen strahlten vor Glück. Dann entspannte sich ihre Miene, und sie war wieder fort; ihr Blick war noch auf mich gerichtet, aber sie war nicht mehr da. Ich hielt ihre Hand und wartete. Shya und ich hatten unsere Gesichter aneinandergepresst, so dass sie uns beide sehen konnte, wenn sie wieder ins Bewusstsein tauchte.

Manchmal kehrte sie ein wenig desorientiert zurück, doch immer war sie so glücklich darüber, uns zu sehen.

„Oh, ihr seid's!“, rief sie dann gewöhnlich aus. „Ich liebe euch so sehr“, und dann ging sie wieder fort und kehrte zurück, überrascht und erfreut, uns erneut zu sehen. „Oh, ihr seid's, ich liebe euch so sehr!“ Jede Rückkehr war anders. Sie war verändert und wir waren es auch.

An einem bestimmten Punkt blieb sie über einen längeren Zeitraum geistig sehr klar. Sie ergriff Shyas Hand und gab ihm so etwas wie den Segen einer sterbenden weisen Frau.

„Weißt du, Shya, ich muss zugeben, als du jünger warst, hätte ich nie gedacht, dass aus dir einmal etwas werden würde. Aber du hast es geschafft. Ich bin sehr stolz auf dich."

Wow, welch ein Geschenk! Wir alle weinten, während Shya und sie sich an den Händen hielten. Dann driftete sie wieder ab. Als sie zurückkehrte, blickte Ida ihm in die Augen und sagte: „Irgendwann einmal wirst du sehr berühmt sein", ehe sie wieder wegglitt.

Ida hatte nun ihren eigenen Rhythmus gefunden. Nach und nach zog sich ihr Körper immer weiter zurück. Sie hatte es fast geschafft.

Zwei Nächte später glitt Ida endgültig fort.

Sie wurde in einem wunderschönen Mahagonisarg bestattet, den Shyas Schwester Rhonda ausgesucht hatte. Vor der Totenfeier trafen wir und die Familie uns mit dem Rabbi. „Dies ist ein trauriger Tag", sagte er, während wir uns Taschentücher reichten und hineinschnieften. „Aber es ist auch ein Tag, an dem ihr Geschichten über Ida Speiler miteinander teilen könnt, die mit ihrer Heirat zu Ida Kane wurde. Diese Geschichten sind ein Vermächtnis, das bewahrt und an eure Kinder weitergegeben werden sollte."

Um das Gespräch in Gang zu bringen, bat er Ruth, die einzige Überlebende von Idas Geschwistern, ein wenig von Idas Jugend zu erzählen. Ruth, fast ein kleineres Ebenbild ihrer Schwester, stand vor dem Pult des Rabbi und berichtete über einige Begebenheiten von früher, die neu für uns waren.

„Ida wurde in der Rivington Street in der Nähe der Delancey Street geboren", begann sie. Diese Straßen liegen an der Lower East Side im New Yorker Stadtteil Manhattan. Dies wussten wir bereits. „Zuerst lief alles ganz normal, doch dann kam die große Wirtschaftskrise. Mein Vater verlor seine Arbeit. Jeder war arbeitslos, nur Ida bekam einen Job und ernährte die ganze Familie. Sie war damals 13 Jahre alt."

Ich erstarrte, so als hätte mir jemand eiskaltes Wasser über den Kopf geschüttet. Die Härchen auf meinen Armen stellten sich auf. Natürlich! Nun war das Puzzle vollständig. Ich stellte mir ein zierliches Mädchen von 13 Jahren vor, das sich abmühte, seine Geschwister und beide Elternteile zu ernähren. Sie musste für Harry, Eddy, Ruth, Matt, ihre Mutter, ihren Vater und sich selbst sorgen – insgesamt sieben Personen.

„Du hast keine Ahnung, was es heißt, auf Geld angewiesen zu sein und es dann zu verlieren", hatte sie gesagt. „Ich habe mir geschworen, dass ich nie wieder auf Geld angewiesen sein würde!"

Später während der Totenfeier sprach ich mein eigenes stummes Gebet: *Oh Ida, Ida. Ich verstehe. Es tut mir so sehr leid. Die Dinge müssen dich wirklich sehr geschmerzt haben. Ich habe solches Mitgefühl für dich. Ich liebe dich so sehr. Ich hoffe, dass du nun endlich in Frieden ruhen kannst.*

MECHANISCHE VERHALTENSWEISEN AUFLÖSEN

Wir alle besitzen mechanische Verhaltensweisen, in Beziehung zum Leben zu treten, die immer wieder auftauchen – die „schlechten" Gewohnheiten, die uns lästig sind. Was wäre, wenn einfache Bewusstheit (etwas sehen, ohne es zu beurteilen oder dich selbst zu verurteilen) ausreichen würde, um dieses unerwünschte Verhalten aufzulösen?

Eine mechanische Verhaltensweise ist gewöhnlich etwas, das wir uns zusammenreimten, als wir jung waren, als eine Überlebens- oder Erfolgsstrategie. Es kann sogar eine Strategie gewesen sein, um Aufmerksamkeit zu bekommen. Es hat einmal funktioniert, so dachten wir jedenfalls, aber es unterstützt uns nicht mehr darin, ein befriedigendes

Leben zu haben. Mechanische Verhaltensweisen können auch erlernt werden, durch die Generationen weitergegeben als Familienmethode, in Beziehung zum Leben zu treten. Diese Seinsformen sind im Laufe der Zeit erstarrt und werden immer wieder von neuem durchgespielt, und wir sind anscheinend machtlos, sie zu korrigieren.

Wenn du magst, dann kannst du dir eine mechanische Verhaltensweise wie einen Eisblock vorstellen und Bewusstheit als die Sonne. In den folgenden Kapiteln wirst du die Wärme entdecken, um selbst die hartnäckigsten Gewohnheiten schmelzen zu lassen.

EIN UNAUFGERÄUMTER SCHREIBTISCH IST EIN ZEICHEN FÜR GENIALITÄT

– Aus Ariels Sicht erzählt –

Seitdem Shya und ich damit anfingen, Seminare zu leiten, hat es mich erstaunt, dass ich überall dort, wohin wir reisten, von Hawaii nach Bali in Indonesien, von Deutschland nach Chile, von Holland nach Costa Rica, meinen Schreibtisch mühelos so rekonstruieren konnte, dass er ähnlich wie derjenige zu Hause aussah. Papiere und Dinge, die erledigt werden mussten, warteten gewöhnlich in Stapeln auf mich und wurden oft von einem auf den anderen Stapel verschoben und wieder zurück. Trotzdem war ich sehr produktiv. Ich erledigte die Dinge gut und rechtzeitig, aber es war so, als würden mein Schreibtisch und ich miteinander kämpfen, in gegnerischen Teams Fangen oder Verstecken spielen.

Meine frühesten Erinnerungen an meinen Schreibtisch stammen, nun ja, von meinen frühesten Erinnerungen. Der Schreibtisch meiner Kindheit war weiß und rot angestrichen, eine Glasscheibe bedeckte die ganze Oberfläche; meine Eltern halfen mir dabei, Fotos darunter zu legen. Zu dieser Fotogalerie gehörten Bilder von meiner Familie und mir am Strand, von mir und meiner Kindergartenliebe Stevie Emerick im Blue Lake Park, Schulfotos und später lustige Schnappschüsse von meiner besten Freundin Terri Rickert und mir. Eines aber blieb in meiner Kindheit und Jugend immer gleich: Man konnte die Fotos auf meiner Schreibtischplatte kaum sehen. Sie waren fast immer von den Ablagerungen des Alltagslebens verdeckt.

Ich erinnere mich nicht daran, an diesem Schreibtisch viel gearbeitet zu haben. Im Allgemeinen machte ich meine Hausaufgaben in der Küche. Ich erinnere mich auch nicht daran, viel an diesem Schreibtisch gesessen zu haben. Er war hauptsächlich eine horizontale Oberfläche, ein Auffangbecken für alle möglichen Gegenstände, die im Vorbeigehen darauf abgeworfen wurden, Stofftiere, die nicht mehr in meiner Gunst standen, und bereits getragene Kleidungsstücke.

Später im Leben ermahnte ich mich selbst, weil ich nicht besser organisiert war. Als ich dann Anfang 20 war und begann, an Seminaren teilzunehmen, stellte ich die allgemeine Unordnung in einen neuen Kontext. Ich bin gut organisiert, sagte ich mir, das ist nun eben einmal mein Organisationsstil.

Und so ging es weiter … dieser Hintergrund des generellen Durcheinanders auf dem Schreibtisch, das mich von Wohnung zu Wohnung, von Land zu Land, von Ort zu Ort begleitete.

Einmal besuchten Shya und ich an Weihnachten meine Eltern im Haus meiner Kindheit. Wie gewöhnlich war das Haus in tadellosem Zustand. In einem der Schlafzimmer im oberen Stockwerk fand ich eine Marmorplakette mit der Inschrift: *Ein unaufgeräumter Schreibtisch ist ein Zeichen für Genialität.* Das brachte mich zum Schmunzeln. Ich fühlte mich richtig daheim, als ich diese Gefühlsäußerung las. Welch eine großartige Rechtfertigung für mich!

Ich ging nach unten in die Küche und goss mir eine Tasse Kaffee ein. Als ich mich zu meiner Mama an den Küchentisch setzte, wo sie ein Kreuzworträtsel löste, sagte ich: „Was für eine tolle kleine Plakette du da oben hast, *Ein unaufgeräumter Schreitisch ist ein Zeichen für Genialität.*"

Sie blickte über den Rand ihrer Lesebrille und entgegnete: „Sie war jahrelang in meinem Büro. Rate mal, wer sie mir gegeben hat?"

„Ich?"

„Ja, du."

Dann erinnerte ich mich. Als ich ungefähr 13 Jahre alt war, hatte ich die Plakette im örtlichen Kartenladen entdeckt und fand sie passend für den Schreibtisch meiner Mutter im *Glass Butterfly*, dem Bekleidungsgeschäft, das meine Eltern in meiner Heimatstadt Gresham in Oregon besaßen. Ihr Büro hatte mich stets fasziniert. Es war ziemlich klein und quadratisch, fühlte sich aber wie der Mittelpunkt des Geschäftes an. In die Tür war graviertes Milchglas eingesetzt, meine Mutter hatte einen antiken frei stehenden Kleiderständer aus Schmiedeeisen, und dann war da ihr Schreibtisch. Er war sehr groß und wie ein L geformt und mit Stößen von Bestellungen, Aktenordnern, Korrespondenz und irgendwelchem Zeug bedeckt. Die gebirgige Topographie ihrer Schreibtischplatte war geheimnisvoll und beeindruckend. Bei zahlreichen Gelegenheiten hörte ich sie sagen: „Verändere nichts. Ich weiß genau, wo ich hingreifen muss, um die Dinge zu finden, die ich haben möchte."

Meine Eltern hatten sich seit einigen Jahren aus dem Geschäftsleben zurückgezogen, doch sie hoben einige alte Stücke auf, wie den Kleiderständer und die Marmorplakette von einer jüngeren Version von mir.

„Nimm sie mit heim, wenn du magst", sagte sie. „Du kannst sie behalten."

An diesem Weihnachtsfest bekam ich ein zusätzliches Geschenk, das ich liebevoll in meinem Koffer verstaute, in einen Wollschal eingepackt, damit es nicht beschädigt wurde. Ich gab ihm einen Ehrenplatz auf meinem ureigenen Schreibtisch.

Als Shya sich seiner arthroskopischen Knieoperation unterzog, hatte ich reichlich Mußezeit. Unser Büro, ein offenes Dachgeschoss, befindet sich genau über unserem Schlafzimmer. Als Shya in den ersten Tagen aus dem Krankenhaus zurück war, schwebte ich lautlos umher, stellte weder Musik noch den Fernseher an und sprach nicht viel am Telefon. Als ich von Raum zu Raum in unserem Zuhause ging, erkannte ich, dass jedes Zimmer das war, was ich „psychisch ruhig" nennen würde. Es bereitet mir große Freude, Dinge vollständig abzuschließen; daher führe ich keine Selbstgespräche darüber, was getan werden muss, wenn ich an einer Türöffnung vorbeigehe.

Mit anderen Worten, der Massagetisch im Behandlungsraum war mit einem sauberen Laken bezogen und das Gästeschlafzimmer war bereit, um Gäste aufzunehmen. Auf diese Weise brauche ich nicht von meinen Gedanken abgelenkt zu werden, wenn ich durch mein Haus gehe. Natürlich gibt es die Ebbe und Flut des Alltagslebens, das schmutzige Geschirr und den Staub, die Wäsche und dergleichen mehr. Aber im Allgemeinen werden die Dinge immer erledigt oder bewegen sich darauf zu, erledigt zu werden, überall – ausgenommen in meinem Büro. Nun, während sich Shya von seinem chirurgischen Eingriff erholte, beschäftigte ich mich mit den Dingen, die wir normalerweise nahtlos und ohne Anstrengung gemeinsam machten. Durch die Umstände zeigte sich das Rätsel meines Büros plötzlich im wahren Licht.

Ich kochte Tee und Suppe, ging meinem Tagewerk nach und dachte ruhig über den Zustand meines Büros und insbesondere meines Schreibtischs nach. Folgendes erkannte ich: Es waren nicht die ganze Zeit über Stapel da. Jedes Jahr, ehe wir aufbrachen, um unsere Winterkurse in Costa Rica oder Chile zu geben, schloss ich die meisten Dinge ab. Oft brachte ich die Dinge auch in Ordnung, ehe ich nach Deutschland oder Kalifornien ging, um dort eine oder zwei Wochen zu lehren. Und hin und wieder gab es eine große Säuberungsaktion im Büro, bei der ich die Papierstöße ausmistete und alles erledigte, was auf meinem Schreibtisch lag. Aber leere horizontale Räume waren nie von langer Dauer. Die Stapel sammelten sich rasch von neuem an und bald herrschte wieder Durcheinander.

Ich habe genügend Zeit damit verbracht, mich selbst kennenzulernen und andere zu unterstützen, um mir nicht mehr die Geschichte abzunehmen, die ich mir selbst erzählt hatte: *Das ist nun eben einmal mein Organisationsstil.* Gewöhnlich machte ich mir keine Gedanken über den Zustand meines Schreibtischs, weil ich zu akzeptieren gelernt hatte, dass es eben so war und dass es nicht damit besser wurde, wenn ich auf mir herumhackte. Trotzdem fragte ich mich insgeheim in meinen eigenen Gedanken, warum mein Schreibtisch unaufgeräumt war.

Um ehrlich zu sein, hatte ich viele unausgegorene Theorien darüber. Es waren die alten Ideen, die ich in der Vergangenheit anprobiert hatte, so wie einen schlecht passenden Mantel, als eine Methode, um mich selbst zu tadeln und eine Ausrede für das zu finden, was zu ändern ich anscheinend machtlos war. Die erste Theorie, vielleicht meine älteste, lautete in etwa so: Ich bin F-A-U-L. Die nächste war die bequeme, meine Mutter dafür verantwortlich zu machen: Ich habe es von meiner Mutter gelernt, es ist nicht meine Schuld. Später wartete ich mit spitzfindigeren Ideen auf: Ich behalte gern die Kontrolle und die Unordnung ist meine Methode, um sicherzustellen, dass ich die Büroarbeit als Einzige im Griff habe. Oder auch, ich mag es nicht, gesagt zu bekommen, was ich tun soll, selbst von den Schriftstücken auf meinem Schreibtisch, die meine Aufmerksamkeit verlangen.

Ich stellte etwas Tee und einen Snack für Shya auf ein Tablett, damit ich es ihm ans Bett bringen konnte, während meine Gedanken meine Liste von Gründen für meinen unaufgeräumten Schreibtisch durchstöberten. Langsam wurde mir klar, dass, wenn Leute zu uns nach Hause kamen, ich wollte, dass sie sich in meinem Büro genauso wohl und willkommen fühlen sollten wie anderswo. Ich wusste, dass die meisten Leute mein Durcheinander nicht verurteilten und oft nicht einmal als Unordnung für sich registrierten, aber ich war es leid, das Gefühl zu haben, mich rechtfertigen zu müssen, wenn jemand in den Raum kam, wo ich eine Menge Zeit verbrachte.

Ich drehte mich zur Seite, um mein Teetablett aufzunehmen, ging damit durch den Korridor und brachte Speise und Trank achtsam zu Shya. Halb betäubt von den Schmerzmitteln, setzte er sich im Bett auf. Es war wirklich gut, ihn zu sehen. Ich war überrascht von meinem Eifer, ein zwangloses Gespräch mit ihm zu haben und ihn an meinem Tag teilhaben zu lassen. Ich hockte mich auf die Ecke der Matratze,

„Ich habe mir Gedanken über das Büro und meinen Schreibtisch gemacht und mich gefragt, warum es so unordentlich ist", sagte ich.

Er zögerte, lehnte sich zurück, schaute nachdenklich und sagte: „Ich sehe zwei Dinge."

„Na gut, du sagst mir deine Ideen und dann werde ich dir meine erzählen!“, reagierte ich rasch.

„Nun“, meinte er, „du gehst zu schnell vor, wenn du versuchst, die Dinge zu erledigen, und daher bist du nicht voll und ganz da, wo du bist. Das ist das Erste. Und es hat auch zu tun mit dieser Marmorplakette, die du dort oben hast.“

„Okay, das sind zwei, aber du hast eins vergessen“. erwiderte ich wie aus der Pistole geschossen und tischte meine gegenwärtig beste Theorie auf: „Ich denke, dass ich gern die Kontrolle behalte und dass dies meine Methode ist, um dich aus dem Büro herauszuhalten und alles für mich zu behalten.“

Zu Shyas Ehre sei gesagt, dass er mich nicht auslachte. Er wurde dadurch auch nicht irritiert. Er seufzte einfach, drehte den Kopf auf eine Seite und sagte: „Weißt du, es ist komisch, dass dieses Problem dich verfolgt, und du willst mir sagen, warum du dieses Problem hast, anstatt zuzuhören, was ich zu sagen habe.“

Oh je! In unseren Seminaren hatte ich viele Menschen erlebt, die sich ewig mit einem Lieblingsproblem herumschlugen. Aber wenn Shya, andere Teilnehmer oder ich Vorschläge machten oder ihnen Feedback gaben, sagten sie in der Regel rasch zu uns: „Nein, hier ist meine Theorie …“ Mit einer Haltung des „Das weiß ich schon und das ist es nicht" aufzuwarten bewahrt sie tatsächlich davor, etwas Neues zu erfahren oder sich überhaupt irgendetwas wirklich anzuhören. In diesen Momenten ist mir bewusst, dass die Leute zwar sagen mögen, dass sie etwas lösen möchten, aber wenn eine Gewohnheit sich lange Zeit bei ihnen gehalten hat, ist sie wie ein alter Freund – einer, bei dem es ihnen oft widerstrebt, Abschied zu nehmen – ungeachtet dessen, was sie sich selbst sagen. Es spielt keine Rolle, wie lästig die Gewohnheit ist, sie verteidigen diese oft nachdrücklich damit, „im Recht" über den Grund zu sein, weshalb sie die Gewohnheit überhaupt haben. Ich konnte mich an eine Erfahrung nach der anderen erinnern, wie eine „schlechte" Gewohnheit von jemand tatsächlich durch die Gründe oder Theorien beibehalten wird, die der oder die Betreffende für ihr Vorhandensein hat.

Ich holte tief Luft und verspürte ein unwillkürliches Schaudern. Vermutlich war ich dazu bereit, zuzuhören, dieses Mal wirklich zuzuhören.

„Okay, fang bitte noch einmal von vorn an", sagte ich.

„Wenn du ein Blatt Papier in die Hand nimmst, bist du nicht wirklich bei der Sache. Du bist schon bei der nächsten Sache, weil du versuchst, alles erledigt zu bekommen. Wenn du nur ein kleines bisschen langsamer machen könntest, würdest du viel mehr Dinge zu Ende bringen."

Das klang plausibel. Manchmal wollte eine Zeitschrift, dass wir darin annoncierten, oder eine Firma fragte an, ob wir bei bevorstehenden Buchausstellungen Bücher bei ihnen auslegen wollten. Oder ein Angebot von einer neuen Autoversicherungsgesellschaft landete auf meinem Schreibtisch. Wenn ich auf diese Art von Dingen keine sofortige Antwort wusste, pflegte ich sie für später, manchmal viel später, beiseitezulegen, damit ich mit „wichtigen" Dingen weitermachen konnte. Shya fügte sanft hinzu: „Das Wichtigste ist diese Plakette dort oben. Du solltest sie loswerden. Du hängst an Sentimentalitäten, wenn du Dinge auf die Art und Weise tust, die du dir ausgedacht hast, als du ein Kind warst."

Oh, wie wahr. Ich hatte dieses „Problem" seit mindestens 40 Jahren bekämpft. Ich bedankte mich bei Shya. Er dankte mir ebenfalls, aß seinen Snack auf und legte sich wieder zum Schlafen hin, um sich von seiner Knieoperation zu erholen. Nun hatte ich Stoff zum Nachdenken.

Ich wagte einen Vertrauensvorschuss. Ich schob meine Ideen beiseite und probierte seine aus, so als würden sie stimmen. Und es passierte etwas wirklich ganz und gar Erstaunliches: *Unmittelbare Transformation.* Wirklich!

Nachdem ich das Geschirr gespült hatte, ging ich nach oben ins Büro und setzte mich ruhig an meinen Schreibtisch hin. Ich nahm das oberste Blatt Papier in die Hand und las es tatsächlich. Während ich mich durch den Stapel arbeitete, sah ich viele überholte Dinge, die ich in den Papierabfall sortierte. Für andere legte ich Ordner an und stellte sie fort. Ich rief die Leute an, die ich erreichen musste. Ich befasste mich mit jeder Sache, auf die ich stieß. Und erstaunlicherweise war es ganz leicht. Es war nicht mit Anstrengung verbunden. Was sogar noch erstaunlicher war, ich bemühte mich nicht mehr, meinen Schreibtisch aufzuräumen oder Dinge zu erledigen. Ich widmete mich dem einfach vollständig und engagiert ohne Vorliebe. Die Zeit hatte mich nicht mehr im Griff. Im Laufe der nächsten paar Tage war ich damit beschäftigt, Lösungen für Dinge zu schaffen, die mir jahrelang lästig gewesen waren. Horizontale Oberflächen wurden wieder sichtbar. Aber immer noch lag die Plakette *Ein unaufgeräumter Schreibtisch ist ein Zeichen für Genialität* auf meinem Schreibtisch.

Insgeheim dachte ich, dass ich ihre Botschaft vielleicht transzendieren könnte. Möglicherweise könnte ich ja an etwas Höheres denken, als ein Genie zu sein, und danach streben. Ich wollte die mühsam erarbeitete Verbindung zu meiner Mama nach jenen hitzigen Teenagerjahren nicht verlieren. Solche Gedanken schwirrten in meinem Bewusstsein umher.

Allmählich wurde mir klar, dass kindliche Liebe, den Eltern nacheifern und Loyalität ihnen gegenüber eine komplexe, geheimnisvolle und wunderbare Sache ist, die mit der Zeit gehen kann, bis Aspekte von ihr nicht mehr angemessen sind. Ich erkannte, dass meine Erinnerungen an den Organisationsstil meiner Mutter verdreht worden waren, um zu der Realität zu passen, die ich als junger Mensch hatte, als ich Ereignisse im Geiste registrierte. Ich habe erlebt, dass sich viele Leute nur an diejenigen Dinge erinnern, die mit ihren Lebenstheorien übereinstimmen. Selbst wenn es also bei Mama funktioniert hatte, Dinge aufeinanderzutürmen, bedeutete das nicht, dass ich ihr untreu wurde, wenn es bei mir nicht funktionierte. Diese Gedanken kamen und gingen, und durch alles hindurch brachte ich gleichmäßig und mühelos einen Punkt nach dem anderen, ein Projekt nach dem anderen zum Abschluss.

Mein Schreibtisch ist aus Holz. Gegenwärtig habe ich eine Schreibunterlage aus durchsichtigem Plastik, unter die ich Bilder gelegt habe, so ähnlich wie in früheren Zeiten. Nur kann ich mich jetzt regelmäßig daran freuen. Immer noch rufe ich gelegentlich meine Freunde an, um sie wissen zu lassen, dass ich an meinem wunderbar ordentlichen Schreibtisch in meinem wunderbar organisierten Büro sitze.

Mein Leben hat sich in einem Augenblick verwandelt. Natürlich gab es Dinge, die getan werden mussten, aber es war fast so, als würden sie sich selbst vollenden und ich müsste ihnen bloß nicht im Weg stehen. Ich habe endlich gelernt, dass ein unaufgeräumter Schreibtisch kein Zeichen für Genialität ist. Er ist ein Zeichen für Unordnung. Und mir signalisierte es die Notwendigkeit, langsamer zu machen und zu sein, wo ich war, anstatt mich zu bemühen, es richtig zu machen und vorwärtszukommen.

Was nun die Plakette betrifft – ursprünglich dachte ich daran, ich sollte sie einem Wohltätigkeitsverein oder der Heilsarmee geben, sie sozusagen weiterreichen. Aber dann hatte ich ein schlechtes Gefühl dabei, einer anderen Person einen Grund dafür zu geben, ihre Unordnung beizubehalten. Ich ließ sie von unserer Assistentin Christina wegnehmen und glaube, dass sie hinaus in den Müll wanderte. Von Zeit zu Zeit bekomme ich einen Anfall von Nostalgie und denke, ich hätte sie behalten sollen. Dann erkenne ich, dass ich sie nicht wirklich vermisse und ich nicht weiter etwas bestärken will, das nicht mehr zu mir gehört.

Wie wunderbar, dass meine Mutter mir mein Geschenk an sie zurückgegeben hat. Noch wunderbarer ist die Tatsache, dass es zu einem Auslöser für mich wurde, mir mein Leben wirklich anzuschauen. Heute ist mir klar, dass ich nicht danach leben muss, was mich als Kind belustigt und fasziniert hat. Ich weiß auch, dass meine Verbindung zu meiner Mutter dadurch stärker wird, wenn ich ich selbst bin – nicht aus Widerstand gegen sie oder indem ich der Vorstellung eines Kindes nacheifere, wer sie war.

DEN (K)REIS SCHLIESSEN

Was wäre, wenn du dein Leben vollkommen und fehlerfrei lebst? Was wäre, wenn Dinge, die du für Fehler deinerseits hältst, in Wirklichkeit überhaupt keine Fehler sind? Ist dir nie in den Sinn gekommen, dass du als Kind Informationen aus deiner Umwelt fehlerfrei übernommen und vorbehaltlos gelernt hast, als dein Hirn die Wahrheit noch nicht von der Erfindung unterscheiden und auch noch nicht Vernunft und logisches Denken einsetzen konnte?

Unsere Freunde Amy und Andy haben einen wunderbaren kleinen Sohn, Alex. Wir hatten die Ehre, bei seiner Geburt im Krankenhaus dabei zu sein, und haben ihm auf seiner Reise vom Säuglingsalter zur frühen Kindheit zugeschaut.

Im reifen Alter von 22 Monaten konnte man erkennen, dass Alex viele Dinge gelernt hatte und demonstrierte, dass er den Unterschied zwischen hart und weich genau kannte. Wenn Alex sein Missfallen darüber zum Ausdruck bringen wollte, dass er seinen Willen nicht bekam (wenn er etwa dazu aufgefordert wurde, die Cornflakes aus einer kleinen Tüte zu essen anstatt aus der großen Dose, die er festhalten wollte), pflegte er sich in einer eindrucksvollen Darbietung von Schauspielerei auf den Boden zu werfen. Die Geschwindigkeit von Alex' Fall auf den Boden hing davon ab, in welchem Zimmer des Hauses er sich bei seinem Kollaps befand. Im Wohnzimmer fiel Alex plumpsend in voller Länge hin, da auf dem Boden ein dicker Teppich lag. Alex war jedoch vorsichtiger auf den Holzfußböden und vermied es nach Möglichkeit, auf Stein zu landen. Einmal wurde er sehr aufgebracht, während er sich auf dem Steinboden im Gang befand, der zur Eingangstür führt. Er machte Anstalten zu einem Anfall mit voller Wucht, doch es gelang ihm, die Aktion zu stoppen, bevor er auf dem Stein aufschlug. Tatsächlich rappelte er sich wieder auf und lief die wenigen Meter bis zur bequemeren Fußmatte, bevor er sich „spontan" auf den Boden warf und weinte.

Ja, Alex hatte gut gelernt und in seinem kleinen Jungenkopf alle möglichen nützlichen Informationen gesammelt, was dazu führte, dass er für viele Dinge Begeisterung empfand. Als Alex 15 Monate alt war, entdeckte er Kreise. Eine Zeit lang war Alex wie ein investigativer Reporter auf der Jagd nach allem Runden, auf das er seine Eltern und alle, die zuhörten, voller Freude aufmerksam machen konnte. „'Reis!", rief Alex dann gewöhnlich. Während sein Hirn dazu in der Lage war, die Form zu identifizieren, konnte sein Mund anscheinend noch nicht den K-Laut am Anfang des Wortes bilden. Anstatt also von Kreisformen umgeben zu sein, war Alex' Welt von „'Reisen" bewohnt.

Alex konnte überall 'Reise finden: das Luftballon-Motiv rings um die Decke in der Arztpraxis, das Zifferblatt einer Uhr, ein Ball. Das Logo der MasterCard versetzte Alex einmal in wilde Aufregung, als er erkannte, dass es zwei sich überschneidende 'Reise hatte. Oft waren seine Eltern überrascht, dass runde Formen, selbst wenn sie bloß ein Teil des umgebenden Hintergrundes waren, in den Blickpunkt von Alex' schneller Auffassungsgabe rücken konnten. Amy und Andy fanden die Begeisterung, die ihr Sohn für 'Reise empfand, liebenswert. Hin und wieder waren sie jedoch besorgt darüber, dass Alex das Wort nicht richtig aussprechen konnte. Sie konnten nur hoffen, dass er früher oder später dazu in der Lage wäre, seinen jetzigen Aussprachefehler zu korrigieren, wenn sein Sprachvermögen seine Beobachtungskraft einholte.

Eines Tages, als Andy einmal beiläufig im Türrahmen lehnte und seinem Sohn beim Spielen zuschaute, machte er eine überraschende Entdeckung. Alex war auf allen vieren damit beschäftigt, einen großen gelben Schulbus, eines seiner Lieblingsspielzeuge, hin und her zu rollen. Auf der Seite hatte der Bus vier geometrische Figuren: ein Dreieck, ein Viereck, ein Herz und einen Kreis. Auf sein Hinterteil plumpsend, drückte Alex auf das Dreieck, und als der Knopf eingedrückt war, rief eine elektronische Stimme: „Dreieck!“ Als Alex das Viereck berührte, rief die Stimme: „Viereck!“ Und dann drückte er den großen runden Knopf und die Stimme plärrte: „’Reis!“

Verblüfft kam Andy in das Zimmer hinein, kniete sich neben seinen Sohn und drückte auf den Knopf. Erneut wiederholte das Spielzeug wortgetreu: „‘Reis!“ Alex konnte den K-Laut aussprechen. Es war nicht sein Fehler. Er hatte fehlerfrei und hingebungsvoll von einem defekten Spielzeug gelernt, ‘Reis anstelle von Kreis zu sagen.

Wir alle haben von Dingen, die wir uns in jungen Jahren zusammenreimten oder die wir von unserer Umwelt übernahmen, gelernt, wie wir uns verhalten und Beziehungen herstellen. Das war jedoch, bevor wir den Vorteil hatten, unterscheiden zu können, ob wir vollständige oder exakte Informationen erhielten oder nicht.

Im weiteren Verlauf deines Lebens ist es dann sehr einfach, deinen Eltern oder Lehrern oder deiner Umwelt die Schuld zu geben und zu erklären, dass sie schlechte Rollenvorbilder abgaben oder auf irgendeine Weise unzulänglich waren. Aber halte einmal inne und denke nach. Jene Menschen, die du dafür verantwortlich zu machen suchst, haben auch von ihrer Umwelt gelernt und Dinge übernommen, ohne dass ihr unerfahrener Geist die Wahrheit von der Erfindung unterscheiden oder Verstand und logisches Denken einsetzen konnte.

Genauso wie Andy das defekte Audioelement im Spielzeug entdeckte, während er seinem Sohn zusah, kannst auch du herausfinden, wie du funktionierst. Lehne dich beiläufig an den Türrahmen deines Lebens und beobachte, wie du vorgehst, ohne darüber zu urteilen, was du entdeckst. Du wirst unmittelbar dazu befähigt, kleine Details einzubeziehen, die übergangen wurden. Wenn du dich selbst mit Humor, Liebe und Respekt behandeln kannst, ganz wie du es mit einem kleinen Kind tätest, das von seiner Umwelt lernt, wirst du deine vorbehaltlose Natur und Hingabe am das Leben zurückgewinnen. Wenn du dir selbst zugestehst, den (K)reis zu schließen, und die Kunst der Selbst-Beobachtung ohne Selbstvorwürfe wiederentdeckst, wird dies einen tiefgreifenden Einfluss auf dein Wohlbefinden haben.

DU KANNST MICH NICHT SEHEN

– Aus Ariels Sicht erzählt –

An einem sonnigen Nachmittag hielt ich mich in unserem Büro auf und beantwortete E-Mails, als ich zufällig durch die Glasschiebetür hinaus auf die Terrasse schaute. Unser Büro ist ein offenes Dachgeschoss im zweiten Stock, und an einem Ende befindet sich eine kleine Terrasse, von wo aus man unseren Garten mit dem Wald dahinter überblickt. Im Allgemeinen ist es ein friedlicher Anblick mit den Blättern, die bei Sonnenschein bunt gesprenkelt aussehen oder an einem windigen Tag ruhelos hin- und hergeschüttelt werden.

An diesem besagten Nachmittag sah ich einen jungen Baum, gerade außerhalb der Umgrenzung unseres Rasens, heftig schwanken. Ich bin an die leichten Wellenbewegungen gewöhnt, die Vögel verursachen, wenn sie auf den dürren Zweigen von Ast zu Ast hüpfen, oder an das Zittern, das ein Eichhörnchen begleitet, wenn es auf dem direktesten Luftweg von Eiche zu Eiche springt. Aber dies war eine weitaus stärkere Bewegung, die meine Aufmerksamkeit auf sich zog. Ich stand auf, streckte mich und ging zur Tür, um den Schauplatz zu überblicken.

Ich habe immer angenommen, dass Murmeltiere dazu bestimmt seien, auf dem Boden zu leben (wie schon die amerikanische Bezeichnung „ground hog" besagt – Anm. d. Übs.). Genau dort, oben in einem Maulbeerbaum, war jedoch ein dickes fußballgroßes Murmeltier, das glücklich die Blätter mampfte, die es von den Zweigen abstreifte. Ich lachte laut auf, als mir ein altes Kinderlied in den Sinn kam: *How much wood could a woodchuck chuck if a woodchuck could chuck wood?* („woodchuck" ist ein weiterer Name für das Murmeltier, genauer das Waldmurmeltier. Im Deutschen würde dieses idiomatische Wortspiel sinngemäß etwa lauten: „Wie viel Holz könnte ein Waldmurmeltier schlagen, wenn ein Waldmurmeltier Holz schlagen könnte?" – Anm. d. Übs.)

Ich beobachtete die stetigen Fortschritte des Geschöpfes und dachte schließlich darüber nach, wie sehr ich diesen Baum am Leben erhalten wollte. Wenn es die gesamten Blätter fraß, würde er sicher absterben. Ich klopfte mit meinem Fingerknöchel gegen das Glas, und augenblicklich erstarrte das Murmeltier. Jegliches Kauen hörte auf. Jegliche Bewegung brach ab. Das Tier fiel in eine instinktmäßige Überlebensmethode: Wenn es sich nicht bewegte, würde ich es nicht sehen. Ich schob die Tür auf, trat auf die Terrasse hinaus und begann mit meinem Gast zu reden.

„Was glaubst du, was du da tust?“

Es bewegte seinen Kopf ein wenig nach rechts und verbarg seine Augen hinter einem Blatt. Ich weiß nicht, ob Murmeltiere ein logisches Denksystem haben, aber wenn sie es haben, dann dachte es mit Sicherheit: „Du kannst mich nicht sehen!“

Amüsiert über seine Herangehensweise, lehnte ich mich einige Augenblicke gegen das Geländer. Es erinnerte mich an Menschen, die wir im Laufe der Jahre getroffen hatten und die etwas über sich selbst herausfanden, das ihnen peinlich war. Augenblicklich erstarrten sie und dachten wahrscheinlich: „Wenn ich mich nicht bewege, wird vielleicht niemand sehen, dass ich so bin.“

Das Komische ist, dass die Dinge, die Menschen vor sich selbst verbergen, gewöhnlich die ganze Zeit über wahrgenommen worden sind. Freunde und die Familie lieben sie trotzdem, auch mit den Gewohnheiten oder Schwächen, die sie peinlich finden. Das ist so ähnlich, als wenn du Stunden, nachdem du gegessen hast, entdeckst, dass zwischen deinen Vorderzähnen ein Stück Salat steckt.

Ich setzte mein Gespräch mit Woody, dem Murmeltier, fort: „Ich kann dich immer noch sehen. Klettere bitte aus meinem Baum heraus. Na komm schon, geh herunter!“

Als er seinen wackeligen Abstieg begann, bekam ich eine Vorstellung davon, wie er überhaupt dort hinaufgekommen war. Es war ein junger Baum, der sich mit seinem Gewicht hin und her bog, und er hatte es ihm ermöglicht, am Stamm hochzuklettern, so als wäre er ein aufwärtssteigender Schwebebalken. Mein pelziger Freund hatte einen tierischen Drahtseilakt geschafft, aber herunterzukommen war nicht so leicht wie heraufzukommen. Er hatte nicht vorausgesehen, sich herumdrehen zu müssen. Während er mich anschaute, hielt er sich mit seinen vier kleinen Pfoten fest und schaukelte hin und her, wie ein ungelenker Turner auf seinem wackeligen hohen Balken. Schließlich änderte er die Richtung, der Baum schwang als Reaktion darauf herum und die oberen Blätter bebten. Er kletterte wohlbehalten von seinem unstabilen Sitz herab. Später im Jahr konnte man ihn sehen, wie er mampfend im Gras saß oder auf unserer unteren Terrasse herumlungerte – alles normale Aktivitäten für Murmeltiere, die im Allgemeinen nicht auf Bäume klettern oder akrobatische Kunststücke vorführen.

Jedes Mal, wenn ich ihn sah, erinnerte mich das daran, dass du dich nicht vor anderen verstecken kannst, indem du dich hinter einem Blatt verbirgst. Sie können dich sowieso sehen. Jene Dinge, die du vor dir selbst versteckst, werden gewöhnlich bereits wahrgenommen, erkannt und akzeptiert von denen, die dich lieben. Wenn du etwas verschwinden lassen möchtest, das du peinlich findest, kannst du nicht einfach erstarren und hoffen, dass dies das Problem regeln wird. Wenn du Mitgefühl für dich selbst hast, selbst wenn du dich „in der Klemme" fühlst, wird der simple Akt, dich selbst zu sehen, ohne dich selber fertigzumachen, dir von dem Baum herunter helfen, in dem du dich versteckst, und es dir ermöglichen, zu grüneren Weiden weiterzuziehen.

ICH HABE HUNGER!

– Aus Ariels Sicht erzählt –

Wenn ich denke, dass ich Hunger habe, dann bin ich wirklich hungrig. Stimmt's? Es kann nicht nur ein Gedanke sein, oder? Damit will ich sagen, dass ich vertraut bin mit willkürlichen oder negativen Gedanken, die nicht in der Realität gründen. Ich kann jene wiederholten Litaneien erkennen, jene unangenehmen kleinen Tonaufnahmen, die spielen, wenn man seine eigenen Erwartungen nicht erfüllt. Weißt du, der innere Kommentar, der sagt: „Das war aber jämmerlich!", wenn du den Papierkorb aus einer Entfernung von 60 cm nicht triffst. Es ist die lärmende kleine Stimme, die sagt: „Ich kann nicht um eine Gehaltserhöhung bitten" oder „Er wird nie mit mir ausgehen". Aber mit Sicherheit gibt diese Stimme mir keine Verhaltensregeln, die ganz und gar falsch sind. Tatsächlich habe ich entdeckt, dass sie es tut.

Zu Anfang der 90er-Jahre lebten Shya und ich in einem kleinen Haus etwas außerhalb von Woodstock im Staate New York. Von dort oben blickten wir auf das Ashoka-Reservoir, eines der hauptsächlichen Wasserversorgungswerke für die Stadt New York. Die meiste Arbeit erledigten wir während des

Tages, und abends setzten wir uns oft vor den Fernseher, um etwas Unterhaltung zu haben, bevor wir ins Bett gingen. Während dieser Zeit pflegte ich in der Küche nach einem kleinen Imbiss zu stöbern, um meine abendlichen Gelüste zu befriedigen.

„Ich habe Hunger", sagte ich zu mir selbst, wenn ich von der Couch aufsprang und die Vorratsschränke für eine Mini-Mahlzeit ansteuerte. Dieses Verhaltensmuster dauerte unüberprüft an, bis Shya und ich eines Abends indisch essen gingen.

Versteckt in einem der kleinen Täler zwischen den Catskills, lag ein Restaurant, das köstliche Gerichte zubereitete: rote Linsensuppen, superscharfe Vindaloos, Curries und Safranreis. Zusammen mit Tandoori und mit Kartoffeln und Erbsen gefüllten Brotfladen gab es pikante und würzige Gerichte, durch Pickles und Chutneys ergänzt. Es war ein seltener Hochgenuss, zu diesem Ort zu gehen, und wenn wir die 40-minütige Autofahrt dorthin machten, aßen wir uns gewöhnlich mehr als satt.

An diesem besagten Freitagabend war die Luft kühl, die Blätter rauschten leise in der Abendbrise. Es war Halbmond und wir hatten eine sehr angenehme Fahrt. Als wir ankamen, konnte man den nahe gelegenen Fluss im Hintergrund hören und das taufeuchte Gras spüren. Die Wände im Innern des Restaurants waren aus prächtigem Holz und es duftete himmlisch. Sobald wir uns hingesetzt hatten, brachte uns ein Kellner hauchdünne Linsenfladen, Papadams genannt, mit einem Beilagenteller aus Edelstahl, der mit drei schmackhaften Saucen gefüllt war: grüne Kräuter und Joghurt, eine rote Würzsauce und ein Relish aus kleingehackten Zwiebeln. Freudig begannen wir zu naschen, während wir die Speisekarten durchsahen.

„Hmm", sagte Shya, „wie wäre es mit ein paar Appetithappen als Vorspeise?"

Er brauchte mich nicht zweimal fragen. Wir entschieden uns für panierte Gemüsepakoras und frittierte Zwiebeln, beides aus Teig, in Fett gebraten und lecker. Wir bestellten pikante Linsensuppe mit Spinat, im Darrofen gebackenes Brot, Gemüsereis und zwei Hauptgerichte mit reichhaltigen Saucen. Zum Zeitpunkt, als wir fertig waren, waren wir vollgestopft, aber es gab immer noch die Aussicht auf das Dessert. Wir liebten den Blätterteig und Konfekt aus Honig und Nüssen, und daher beschlossen wir, dass wir uns einfach einen Teller davon teilen mussten, zusammen mit einer Kanne heißem Chai-Tee.

Um ehrlich zu sein, hatten wir vollkommen übermäßig geschwelgt und platzten aus allen Nähten, als wir zum Auto gingen. Wir stiegen ein und vergewisserten uns, dass die Sicherheitsgurte nicht zu fest um unsere Bäuche saßen. Auf der Heimfahrt lehnten wir uns zurück, waren zufrieden und begannen die Mahlzeit zu verdauen.

Als wir in unsere Auffahrt fuhren, spiegelte sich der Mond auf dem Wasser weit unten und wir beschlossen, dass es Spaß machen würde, einen Film auf dem Fernsehsender „Home Box Office" zu sehen, bevor wir ins Bett gingen.

Wir ließen uns auf die Couch plumpsen und Shya legte seinen Arm um mich, während wir es uns genau rechtzeitig für den Spielfilm um 22 Uhr gemütlich machten. Weniger als eine Stunde später war ich wieder hungrig – wirklich hungrig! Ich sprang auf und eilte zum Kühlschrank, stand da, bei offener Tür, und inspizierte den Schauplatz. Will ich Äpfel oder Pickles oder Reste oder …

„Moment mal!" Während ich auf meinen beiden Füßen balancierte, die mich mit solcher Bereitwilligkeit in die Küche getragen hatten, blickte ich hinunter auf meinen Bauch, der durch die abendliche Schwelgerei immer noch aufgebläht war. Nicht nur war ich nicht hungrig, ich war vollgestopft!

Immer noch stand ich vor dem Kühlschrank, schloss langsam die Tür und verfolgte im Geiste meine Flugbahn von der Couch zur Küche zurück.

Was hatte mich von meinem Sitzplatz aufspringen lassen? Was war bloß in mich gefahren, auch nur daran zu denken, dass ich möglicherweise einen Snack brauchen könnte? Ich hörte die Musik aus dem anderen Raum, der Film lief immer noch, und blitzartig bekam ich meine Antwort.

Dieses „Problem" von mir, spät am Abend zu essen, war in Wirklichkeit eine sehr schlaue Lösung. Im Fernsehen stieg die Spannung. Die Kamera zeigte Nahaufnahmen und unser Held befand sich in Schwierigkeiten. Jetzt würde jeden Moment etwas Schlimmes passieren. Ich wusste es einfach. Ich konnte es nicht ertragen, dabei zuzuschauen. Ich hatte überhaupt keinen Hunger. Mir einen Happen zu essen zu holen war meine Rettung. Ich konnte die gruseligen Szenen vermeiden, wenn ich in die Küche ging.

Langsam wanderte ich ins Wohnzimmer zurück und schaute mir wirklich die Sache an, vor der ich mich scheute. In der Tat verdichtete sich die Handlung und der Held erlitt einen furchtbaren Schock – und ich ebenso. So ist nun einmal ein Horrorfilm. Ich setzte mich wieder auf die Couch und erinnerte mich daran, dass es trotz allem nur ein Film war. Ich lächelte etwas über mich selbst, legte Shyas Arm wieder um meine Schulter und schaute zu, wie der Held schließlich den Kampf siegreich bestand.

ICH DACHTE, DAS HÄTTE ICH ÜBERWUNDEN

Im Allgemeinen arbeiten die Menschen an den Dingen, die sie bei sich nicht mögen, und versuchen, bestimmte Aspekte ihres Verhaltens zu verändern, zu verbessern oder loszuwerden. Wenn sie jedoch mit einem unerwünschten, sich ständig wiederholenden Muster konfrontiert sind, denken sie häufig, es sei ein persönliches Versagen.

In unserem Umgang mit Menschen hören wir oftmals: „Oh, ich dachte, ich hätte das inzwischen überwunden. Ich fühle mich so viel besser als früher."

Hier ist eine Anekdote, die wir in solchen Situationen gerne mitteilen. Sie stammt aus einer Zeit in Ariels Kindheit und wird aus ihrer Sichtweise erzählt:

Unser Hund Brownie bellte wütend die Katze an. Natürlich war das nichts Neues. Der kleine rötlichbraune Zwergcockerspaniel meiner Schwester Mary war ein grimmiger Kämpfer und Beschützer der Familie. So manches Mal humpelte unser Nachbar, der alte Mister Van, auf nur einem Fuß mit einem Gummiriemen den Berg hoch und schnaubte: „Wo ist dieser verdammte Hund?!" Tatsächlich sah ich einmal, wie der kleine pelzige Teufel sich so erregte, als er ein Auto anbellte, dass er seine Zähne in einen Reifen grub und kaum rechtzeitig davon abließ, als sein ganzer Körper dem sich drehenden Rad zu folgen begann.

Als Mary in der zweiten Klasse war, schrieb sie ein Gedicht, das mir immer noch im Gedächtnis ist, denn ich als ihre kleine Schwester hielt es für ausgesprochen witzig: „Brownie ist der mutigste Hund, den ich jemals kannte. Er vertreibt den Milchmann und hat sogar Oma gebissen."

Nun, da du den Hintergrund unseres Familienhundes kennst, wird es Zeit, dir mehr darüber zu erzählen, wie Brownie die Katze jagte.

Es war ein dunkler Abend und Brownie hatte die Katze verfolgt, die durch eine halb offene Tür in die Garage geschlüpft war. Unsere Garage, ein altes, vom Haus getrenntes Gebäude, war hauptsächlich ein Lager für Bettgestelle, Skier aus Holz, Gartengeräte und dergleichen. Nur selten stellten meine Eltern ein Auto darin ab, da die große Holztür schwer war, knarrte und sich nicht leicht hochschieben ließ.

Es war ein Donnerstagabend und unsere Familie machte sich bereit dafür, um zu einem Konzert an der Mittelschule meiner ältesten Schwester Cathy zu gehen. Sie trug einen Rock, eine weiße Bluse und eine wunderschöne neue Mohairjacke, die meine Mutter selbst gestrickt hatte. Sie war cremefarbig und flauschig, hatte Perlmuttknöpfe und ich liebte sie.

„Cathy“, sagte meine Mutter, „würdest du bitte hinaus in die Garage gehen und Brownie dazu veranlassen, dass er damit aufhört, die Katze anzubellen? Bring ihn ins Haus, damit wir gehen können.“ Sie war damit fertig, meine Haare zu Zöpfen zu flechten, und wir waren fast zum Aufbruch bereit, aber es waren immer eine Menge Kleinigkeiten zu regeln, bevor sie ihre junge Familie aus dem Haus heraus und rechtzeitig zu einer Veranstaltung bekommen konnte.

Während der Zeit meiner Kindheit hatten wir viele Katzen, aber wenn ich mich recht erinnere, hieß das damalige Haustier Pepper. Diese lebhafte grauschwarz getigerte Katze, die laut und wie ein Reibeisen schnurrte, schenkte uns schließlich einen Wurf von orange getigerten und schwarzen Fellbällen. Eines Tages führte mein Vater mich in den Keller, um mich die Kätzchen zuerst „entdecken“ zu lassen.

An diesem Abend schien es so, als würde Pepper sich behaupten. Das schrille „Kläff, kläff, kläff … kläff, kläff, kläff“ wiederholte sich hartnäckig und nahm an Lautstärke zu, als ich Cathy zur Garage folgte. Brownies Gebell ließ keinen Moment nach, als die schwere Garagentür protestierend knarrte und stöhnte, während Cathy ihre ganze Kraft einsetzte, um sie aufzuschieben. Die nackte Glühbirne an der Außeninstallation oben am Dach schickte Strahlenfinger aus Licht in die dumpfe Finsternis. Es reichte nicht aus, um viel zu erhellen, doch ich konnte sehen, wie Brownie wütend seine Empörung über Pepper äußerte, deren Silhouette kaum sichtbar war, während sie, zwischen ein paar Fahrrädern eingezwängt, auf ihn herabblickte.

„Na komm schon, Brownie", schmeichelte Cathy in dem halb gelangweilten Ton, für den ich schwärmte, weil sie ja so erwachsen und fast schon ein Teenager war. Doch unser Hund war besonders eigensinnig und wusste nicht, dass wir ausgehen wollten und eine neue Strickjacke vorzuführen war.

Cathy brauchte nicht die Hand nach dem Schalter für das Innenlicht auszustrecken, da Brownie deutlich, wenn auch etwas dunkel zu sehen war. Aber im Rückblick bin ich sicher, dass sie sich gewünscht hätte, es zu tun. Als meine Schwester mit großen Schritten vorwärtsging und sich herunterbeugte, um Brownie zu packen, ergriff Pepper die Flucht und präsentierte uns ihr Hinterteil. In diesem Augenblick wussten Cathy und ich, warum Brownie so hartnäckig gewesen war. Das schwache Licht aus dem Türeingang fiel auf den dicken weißen Streifen entlang des Rückens von diesem Tier – und im selben Augenblick machte es „Pffft". Sowohl Cathy als auch Brownie wurden von einem Stinktier bespritzt.

An diesem Abend gingen wir nicht in das Konzert. Das Outfit meiner Schwester wurde hinten im Freien vergraben, die neue Strickjacke und auch sonst alles. Der Hund und sie wechselten sich darin ab, in Tomatensaft zu baden, einem Heilmittel, das den Gestank neutralisieren sollte.

Cathy kehrte erst am folgenden Montag in die Schule zurück, auch wenn der verbleibende Geruch sie immer noch umgab. Die Kinder, die unverblümt ehrlich und manchmal grausam waren, zogen sie reichlich auf. „Pfui, du stinkst!", schrien sie.

Mit hoch erhobenem Haupt scherzte sie: „Oh, ich rieche fast überhaupt nicht mehr. Ihr hättet mich mal in der letzten Woche riechen sollen."

Vielleicht bist du stolz darauf, dass du eine alte Form der Beziehung oder des Seins, die du nicht mochtest, bereinigt hast. Wenn du aber annimmst, es sei ein zugeschlagenes Buch, ein abgeschlossenes Kapitel, dann wirst du vielleicht nicht die Spuren der stinkenden Verhaltensweisen bemerken, die von

Zeit zu Zeit wieder in deinem Leben auftauchen. Wenn du eine alte Verhaltensweise wahrnimmst, wird sie vielleicht nicht so gut aussehen, sich anfühlen (oder riechen), aber nimm dir ein Beispiel an Cathys Erfahrung mit dem Stinktier und trage es mit hoch erhobenem Haupt. Mach dir keine Gedanken. Wenn du dir einfach erlaubst, du selbst zu sein, mit Geruch und auch sonst allem, ohne über dich zu urteilen, wird auch das vorübergehen.

DIR SELBST HELFEN/ ANDEREN HELFEN

Die Menschen reden oft davon, wie sie Dinge in ihrem Leben verändern möchten: einen besseren Job bekommen, eine Beziehung eingehen, abnehmen und sich mit sich selbst wohler fühlen. Wie aber kann das geschehen, wenn die meisten von uns Beweise sammeln, um die einschränkende Geschichte zu unterstützen, die wir uns darüber erzählt haben, wer wir sind? Wenn du nicht dazu bereit bist, dich selbst aus einer neuen Perspektive zu sehen, frei von deinen eingebildeten Schwächen, können deine besten Absichten für Wachstum nicht zu dem führen, was du dir wünschst.

Was möglich ist, hängt von deiner Bereitschaft ab, kurzsichtige Vorstellungen aufzugeben und heraus ins Leben zu treten. Wenn du die Dinge durch deine Unzulänglichkeiten betrachtest, wirst du diese Haltung aufgeben müssen, um dein Potential zu entdecken.

Es gibt ein paar sehr einfache Schlüssel, um deine Wünsche zu erfüllen oder jemand anderem den Rücken zu stärken, für seine einzutreten. Die folgenden Seiten werden dich darin unterstützen, wenn du einem anderen helfend unter die Arme greifst, und dir selbst dabei helfen, deinen Träumen zu folgen.

RETTE MICH!

– Aus Ariels Sicht erzählt –

In einem Moment lag Shya neben mir, im nächsten Augenblick war er verschwunden …

Es war in den frühen 90er-Jahren auf Maui, Hawaii, und wir sonnten uns an einem unserer Lieblingsplätze, Little Beach. Es war ein schöner Tag, warm und sonnig, und die lokalen Wolken sollten sich erst noch bilden. Die Insel und die Hügel hinter Little Beach sind so beschaffen, dass sich dort fast jeden Nachmittag – ungeachtet des Wetters in der umliegenden Region – Zirruswolken sammeln und über den Strand erstrecken, um von dort in Richtung des Meeres zu weisen. Wegen der Ruhe und dem weißen Sand gingen wir sehr gern dorthin. Man musste vom nahe gelegenen Big Beach über einen felsigen kleinen Hügel dorthin klettern, und daher schien der Bereich stets weniger öffentlich zu sein und war nur von Einheimischen bevölkert.

An diesem besagten Tag hatten Shya und ich Bodysurfing durch die Wellen gemacht. Das ist eine Kunstform, die ich dort gelernt und selten woanders praktiziert habe: bis zur Taille im Wasser stehen und in Richtung Land tauchen, genau vor einer Brandungswoge, den Atem anhalten, mit ausgestreckten

Armen, während die Kraft des Wassers mich auf die Küste zu wirft und mich atemlos und sandig im seichten Gewässer anschwemmt – ein anregendes Abenteuer. Wir hatten uns, mit dem Bauch nach unten, auf unsere Handtücher plumpsen lassen; dicke Wassertropfen glitzerten in der Sonne, als sie von unseren Rücken herunterrollten, die sich immer noch von der Anstrengung hoben und senkten. Das Nächste, was ich wusste, war, dass Shya verschwand.

Ich rollte mich herum und setzte mich rechtzeitig auf, um zu sehen, wie er zum Meer sprintete, im rechten Winkel abbog und einen Kopfsprung in die Brandung machte. Er tauchte wieder an die Oberfläche, und lange schnelle Schwimmstöße führten ihn direkt aufs Meer hinaus. Das verringerte auch die Entfernung zwischen ihm und einem Kopf, der sich noch weiter entfernt von der Küste ruckweise bewegte. Augenblicklich wusste ich, was gerade passierte.

Als junger Mann war Shya Rettungsschwimmer am Far Rockaway Beach in New York gewesen. Er hatte mehrere Sommer damit verbracht, das Wasser genau zu prüfen und nicht nur Schwimmer zu retten, die den Sog der Brandung unterschätzten, sondern auch Unannehmlichkeiten abzuwenden, bevor sie begannen. Shya hatte auf einen Blick erkannt, dass die

Person in der Ferne in eine Brandungsrückströmung geraten war, besser bekannt als eine Unterströmung.

Eine Unterströmung entwickelt sich, wenn eine große Wassermenge auf eine Küstenstrecke trifft und dann vorwiegend in einem Bereich trichterförmig zurückströmt. Wenn du zufällig in diesen Bereich hineingerätst, kann das alles bedeuten: von einem sachten Ziehen, das an deinen Fußknöcheln kribbelt, bis dahin, dass du von einem Strom erfasst wirst, dessen Strömung dich direkt in tieferes Wasser tragen wird. Neulinge, die mit den Eigenheiten der Brandung unvertraut sind, werden oft nicht erkennen, dass sie in eine Brandungsrückströmung geraten sind, bis sie sehen, dass sie plötzlich viel weiter von der Küste entfernt sind als erwartet. Gewöhnlich versuchen sie dann in Panik, direkt ans sichere Land zurückzuschwimmen. Für diese direkte Vorgehensweise ist die Strömung aber zu stark, und die Leute kommen kaum voran, werden müde und ertrinken ohne Hilfe dann oftmals. Ein erfahrener Meeresschwimmer weiß, dass eine Unterströmung nicht an der gesamten Länge des Strandes vorkommt, sondern nur in bestimmten Bereichen existiert. Er wird daher parallel zum Strand schwimmen, bis die Zugkraft nach außen abnimmt, und dann kann man relativ mühelos zurück in seichtes Gewässer gelangen.

Wenn du niemals in die Brandung geraten bist und die Eigenheiten des mächtigen Ozeans nicht kennst, ist es schwer, nicht den Kopf zu verlieren, wenn die Strömung dich in ihrer Gewalt hat und du siehst, wie Land und Sicherheit sich rasch entfernen.

Ich rannte zum Rand des Wassers und bis zur Mitte der Oberschenkel hinein. Ich wusste, dass es nichts bringen würde, wenn ich mich selbst in Gefahr brachte, doch ich hoffte, dass ich einem Surfer auf einem Boogie Board signalisieren konnte, bei der Rettung zu helfen. Es fühlte sich wie ein Déjà-vu-Erlebnis an.

Gerade vor zwei Jahren waren wir an genau demselben Sandstrand gewesen, als es eine Unterströmung gab. Wir hatten etwas Freizeit mit den Teilnehmern von einer unserer Gruppen genossen, die wir leiteten. Die Wellen waren toll zum Springen und Bodysurfing, kräftige Wogen, die krachten und brausten. Wir spielten wie Seehunde und tollten im Wasser herum, was viele von uns seit ihrer Kindheit nicht mehr getan hatten. Wir hatten eine Frau bei uns, Mary Jane, die – obwohl eine erfahrene Strandgängerin – den Sog der Brandung unterschätzte. Mary Jane war über 80 Jahre alt und ihre Kraft war einfach nicht mehr so, wie sie einmal gewesen war. Rasch schwammen wir hinaus, um uns zu vergewissern, dass sie nicht in Gefahr war, und ich fand jemanden, der uns ein Boogie Board borgte, auf dem sie treiben konnte, während sie mit den Füßen trat und Shya sie zurück ans Ufer zog. Etwa zu diesem Zeitpunkt bemerkte ich, dass ich mich hinausbewegte und am besten selbst auf die Strömung achten sollte. Bill, einer der anderen Teilnehmer, schwamm ebenfalls in meiner Richtung. Bill ist ein großer Mann, hat fast das doppelte Gewicht wie ich, und als ich neben ihm herschwamm, begann er zu ermüden. „Rette mich!", sagte er.

Tatsächlich hatte Bill noch eine Menge Kraft übrig. Es verhielt sich nur so, dass die überraschende Macht des Wassers ihm geistig-seelisch zugesetzt hatte.

„Bill, mach die Augen auf und sieh mich an", sagte ich. „Ich kann dich nicht retten. Du bist zweimal so schwer wie ich. Du musst dich selbst retten. Schwimm! Ich werde mit dir schwimmen und wir werden es zusammen schaffen."

Wir paddelten nebeneinanderher. Beim Anblick von uns hättest du gedacht, wir würden uns gemütlich unterhalten und entspannt schwimmen, während ich Bill zugewandt auf der Seite schwamm und er auf dem Rücken und dabei mit den Füßen trat, während wir die Küste ansteuerten. Wir schafften es an jenem Tag sicher ans Ufer, aber wir hatten eine Lektion über die Macht des Meeres gelernt.

Zwei Jahre später versuchte ich wieder, einen Boogie Boarder zu finden, der uns sein Surfbrett borgte, so wie wir es für Mary Jane gemacht hatten; denn ich wusste, dass es leichter war, jemanden hereintreiben zu lassen, als mit ihm zu schwimmen. Aber es schien so, dass andere Leute am Strand das Drama nicht mitbekamen, das sich vor ihnen abspielte. Ich hielt Ausschau und wartete, und schließlich zog Shya, einen Arm um die Brust des Fremden gelegt, diesen an Land.

Der hagere Mann mit langen braunen Haaren sah total fertig und benommen aus, als er mit zitternden Beinen dastand. Er sagte, er wäre aus Ohio. Er war niemals zuvor am Strand gewesen und hatte keine Ahnung, dass er hinaus aufs Meer getrieben werden könnte. Er bedankte sich bei Shya und wankte zu seinem Handtuch zurück, wir ließen uns wieder auf unsere plumpsen. Ich hatte den Eindruck, dass dieser Mann nicht so bald noch einmal im Ozean schwimmen würde.

Als sich sein Herzschlag beruhigte und die Sonne uns wohl tat, erzählte mir Shya, was passiert war.

„Ich sah ihn sich ruckweise bewegen, und ich brauchte nicht einmal nachzudenken, um zu wissen, dass er in Gefahr war. Vermutlich haben die ganzen Jahre als Rettungsschwimmer mich nicht im Stich gelassen“, sagte er grinsend. „Ich gelangte gerade rechtzeitig dort an, weil er unter Wasser glitt und nur halb bei Bewusstsein war. Es ist gut, dass er so lange Haare hat, weil ich eine Hand voll packte und ihn zurück an die Oberfläche zog. Ich hielt ihn mit dem Seemannsgriff, um sein Gesicht aus dem Wasser herauszuhalten und ihm beim Treiben zu helfen, doch der Sog der Strömung war ziemlich stark. Er wollte nicht mehr. Er hatte sein Leben bereits aufgegeben, er war derart erschöpft und wollte, dass ich ihn schwimmend an Land brachte. Aber das konnte ich nicht. Ich wusste, dass ich es nicht konnte. Daher sagte ich zu ihm: ‚Tritt und stoß dich mit den Beinen ab! Ich weiß, dass du erschöpft bist, aber wenn du das nicht tust, werde ich dich ertrinken lassen müssen. Ich kann es nicht allein schaffen. Ich kann dich nicht retten. Ich kann dir nur helfen. Du wirst dich selbst retten müssen.‘ – Zuerst waren seine Versuche schwach, aber es reichte aus. Ich ermutigte ihn immer weiter und zusammen schafften wir es. Es erinnerte mich daran, Ariel, wie du Bill vor zwei Jahren geholfen hast.“

Als wir dort auf unseren Handtüchern lagen und die Wolke sich langsam heranschob, um uns Schatten zu spenden, dachte ich darüber nach, was für ein vollkommener Tag es war. Manchmal kommen Leute in unseren Gruppen zu uns, die erwarten, dass wir sie „retten“. Sie sind es leid, es aus eigenem Antrieb zu tun, sind niedergeschlagen und erschöpft davon, sich gegen die Strömungen in ihrem Leben zu stemmen. Wenn jemand ihnen die Hand reicht, reagieren sie automatisch so, dass sie loslassen und jemand anderen übernehmen lassen. Aber nur dann, wenn wir als Team zusammenarbeiten, stehen wir wieder auf sicherem Grund. Wenn Menschen zusammenwirken, können sie Energiereserven entdecken, von denen sie niemals wussten, dass sie existieren, und können erkennen, wie leistungsfähig sie sind.

Es ist nicht verkehrt, Hilfe zu bekommen, wenn du bis über den Kopf in Schwierigkeiten steckst und nicht dazu in der Lage bist, es selbst zu schaffen. Aber trotzdem musst du auch noch schwimmen – mit deinen Füßen treten, deine Arme bewegen und dich wirklich und wahrhaftig selbst retten.

JEWELS

– Aus Shyas Sicht erzählt –

Vor einigen Jahren lebten wir in Woodstock im Bundesstaat New York. Eine unserer Lieblingsbeschäftigungen dort bestand darin, einen Laden zu besuchen, der ebenso wie sein Besitzer einen Hang zu sehr ausgewählten Dingen hatte. Der Laden heißt „Just Joe“, und Joe ist ein liebenswürdiger bärtiger Mann, der eine Vorliebe für Qualitätsprodukte hat. Wir haben unsere Verlobungs- und Eheringe bei ihm gekauft, weil er edlen Schmuck führt. Gewöhnlich suchten wir seinen Laden samstagsmorgens auf, weil Joe einen teuflisch guten doppelten Espresso machte, der gut zu seinen feinen dunklen belgischen Pralinen passte. An regnerischen Tagen kamen wir, um die hausgemachte Tagessuppe bei ihm zu essen, und fast zu jeder Zeit, um uns seine Oldtimer, phantasievolle Vogelhäuschen, orientalische Porzellantassen und –teller, handgewebte Schals, Drachen und hochwertige Zigarren von den Kanarischen Inseln anzuschauen.

Joe bot auch exotische, selbst aufgezogene tropische Vögel, Papageien und Kakadus an. Inmitten der Fülle von Dingen, die Spaß machten und die man betrachten, berühren und kaufen konnte, stand ein riesiger, aus Schmiedeeisen handgearbeiteter

Vogelkäfig. Dieser Luxuskäfig wurde von „Jewels“ bewohnt, einem großen, weißen Kakadu aus der Papageienfamilie mit schwefelfarbener Federhaube. Jewels und ich hatten eine besondere Beziehung zueinander. Immer wenn ich den Laden betrat, steckte er seinen Kopf aus dem Käfig, rief nach mir und richtete seine Federhaube auf. Wenn ich näher kam, bestand das Ritual darin, dass Jewels seinen Hals bog und seinen Kopf nach unten zum Boden richtete, womit er mich dazu aufforderte, mit meinen Fingern durch seine Federn zu fahren und seinen Hals zu kraulen. Wenn mein Interesse, ihm den Hals zu kraulen, nachließ, pflegte er wie ein Hund sanft mit seinem Schnabel an meinen Fingern zu knabbern und mit seiner Federhaube gegen meine Hand zu stoßen, wobei er sich noch weiter zwischen den Gitterstäben seines Käfigs hindurchdrückte und mich zum Weitermachen ermunterte. Das setzte sich mehrere Jahre fort.

Manchmal, wenn wir zu Besuch kamen, befand sich Jewels außerhalb seines Käfigs und saß auf der Ladentheke oder lief auf Joes Schulter herum. Bei solchen Gelegenheiten begrüßte Jewels mich und hüpfte herüber auf meine Schulter oder Hand und streckte seinen Hals aus, um sich kraulen zu lassen.

Eines Nachmittags besuchten Ariel und ich Joe, und Jewels begann sich wie gewöhnlich durch die Gitterstäbe seines Käfigs zu drücken, womit er Beachtung verlangte. Ich fragte: „Wäre es in Ordnung, wenn ich Jewels aus seinem Käfig herausholen würde?“, und Joe sagte: „Sicher, nur zu!“ Ich kraulte Jewels‘ Hals zur Begrüßung, dann löste ich den Riegel und zog die Tür auf. Als ich hineingriff und ihm meine Hand als Sitzstange anbot, kletterte er nicht sofort darauf; daher gab ich seinen Füßen einen leichten Stups mit meinen Fingern in der Hoffnung, dass ich ihn dadurch ermunterte, zum Spielen herauszukommen.

Blitzartig attackierte Jewels mit seinem Schnabel die Haut zwischen meinem Daumen und Zeigefinger. Schockiert und blutend schrie ich auf und zog meine Hand rasch aus dem Käfig heraus. Jewels hing noch immer daran. Ich schüttelte meine Hand, bis er sich davon löste und auf den Boden flatterte. Dann ging er dazu über, meine Schuhe zu attackieren. Ich trat den Rückzug an, und Jewels begann durch den Laden Jagd auf mich zu machen. Joe rief: „Pass auf, dass er dich nicht kriegt. Sein Schnabel ist dazu imstande, Nüsse zu zermalmen, er kann leicht deinen Schuh durchlöchern und dir den Zeh brechen.“

In diesem Augenblick änderte sich meine Beziehung zu Jewels für immer und war danach nie mehr dieselbe. Ich erkannte, dass trotz seines ganzen Drückens gegen die Gitterstäbe seines Käfigs Jewels dort tatsächlich zu Hause war und sich sicher fühlte. Es war sein Wohlfühlbereich und ich hatte nicht das Recht, hineinzugreifen und zu versuchen, ihn dort herauszuholen.

Diese Interaktion lehrte uns eine wertvolle Lektion, die Ariel und mich bei unserer Arbeit unterstützt hat. Wenn Menschen sich wirklich von dem begrenzenden Charakter ihrer selbstzerstörerischen Gewohnheiten, der negativen persönlichen Entwicklung und ihrer Lebensgeschichte befreien möchten, können wir ihnen dabei helfen, dies zu tun. Wenn sie jedoch erklären, dass sie von den Begrenzungen frei sein möchten, die sie während ihres Lebens begleitet haben, sich tatsächlich aber in ihrem Käfig wohlfühlen und diesen nicht aufgeben wollen, dann wird das Hineingreifen, um sie herauszuholen, zu einem gewaltsamen Akt. Sie werden kämpfen, um ihr Recht zu verteidigen, dort zu bleiben, ganz versunken in die Gründe für ihr Unvermögen, glücklich und gesund zu sein und in einem Zustand des Wohlbefindens zu leben.

Ich will damit nicht den Eindruck erwecken, dass du nicht bereit dazu sein solltest, jemandem helfend unter die Arme zu greifen. Ich weise vielmehr darauf hin, dass Menschen manchmal sagen, dass sie Hilfe möchten, obwohl sie es in Wirklichkeit nicht wollen. Ariel und ich haben gelernt, das Recht eines Menschen zu achten, in seinem Käfig zu bleiben. Wir haben die Erfahrung gemacht, dass, wenn wir Geduld üben und weiter auf die Tür weisen, jede(r) Einzelne, der/die wirklich frei sein will, seinen/ihren eigenen Weg nach draußen finden wird.

KAUF DIR EIN LOS

Unsere Assistentin Christina kam an einem Samstag zur Arbeit in unser Büro und wir bemerkten, dass sie niedergeschlagen zu sein schien. Sie sah nicht wie ihr schönes, lebendiges Selbst aus, und daher setzten wir uns mit ihr zu einer Tasse Kaffee hin und fragten, ob alles in Ordnung sei. Christina begann zu weinen, und durch die Schluchzer und Tränen hindurch reimten wir uns zusammen, wo der Hund anscheinend begraben lag. Sie fühlte sich einsam und wollte einen Freund haben. Jemand, mit dem sie Zeit verbringen könnte, jemand, der sie lieben und berühren und da sein würde, und ja, jemand, in den sie sich verlieben – jemand, den sie heiraten könnte.

Im Verlauf des Gesprächs wurde offensichtlich, dass sie, nachdem ihre letzte Beziehung sich aufgelöst hatte, so enttäuscht war, dass sie sich in sich selbst zurückgezogen hatte. Obwohl sie diejenige war, die die Sache mit ihrem vorigen Freund beendet hatte, fühlte sie sich nach dem anfänglichen Energieschub, der daraus entstand, ehrlich zu sein und die Wahrheit zu sagen, ausgelaugt, traurig und unattraktiv.

Wir erzählten ihr eine Geschichte:

Es war einmal ein Mann, der so dringend im Lotto gewinnen wollte, dass er sich täglich bei Gott beklagte. Seine Klagen lauteten etwa so: „O Gott! Warum willst du mich nicht im Lotto gewinnen lassen? Hasst du mich? Ich brauche dieses Geld wirklich, und wenn du ein gütiger Gott wärest, würdest du mich gewinnen lassen. Wenn du ein fairer Gott wärest, würdest du mich unterstützen. Wenn du ein gerechter Gott wärest, würdest du dafür sorgen, dass ich die Gewinn-Nummern bekomme. Bitte, Gott, lass es heute geschehen!"

Jeden Tag schaute der Mann Fernsehen, um die Lottoergebnisse zu erfahren. Dann pflegte er zu sagen: „Gott, lieber Gott, warum hast du mich nicht gewinnen lassen?

Jeden Tag hatte der Mann die gleiche Routine. Er kam von der Arbeit nach Hause, stellte den Fernseher an und überprüfte die Lottozahlen. Jeden Tag mit demselben Ergebnis – er hatte nicht gewonnen. Und jeden Tag beklagte sich der Mann bei Gott, dass Er ihn hassen müsste, weil Er ihn nicht das Geld gewinnen ließ, das er mit solchem Recht verdiente.

Eines Abends, nachdem er sein Ritual absolviert hatte, sich die Lottoergebnisse anzusehen, stimmte dieser arme Bursche aus seinem behaglichen Fernsehsessel erneut sein Klagelied an:

„O Gott, o Gott, warum?"

Plötzlich vernahm er eine Stimme, die um Hilfe flehte. Sie ertönte laut und schallend und schien aus allen Richtungen gleichzeitig zu kommen. In der Annahme, dass jemand hinter ihm sei, schaute der Mann rasch hinter seinen Sessel, aber da war niemand.

„Hilf mir!", ertönte die Stimme wieder. Er sprang aus seinem LazyBoy-Sessel auf und sah sich fieberhaft im Zimmer nach der Person um, die um Hilfe rief, aber er konnte die Quelle nicht ausfindig machen.

Schließlich wurde dem Mann klar, dass die Stimme vom Himmel kommen musste. In der Annahme, dass seine Gebete endlich erhört worden wären, fiel er auf die Knie und war sich sicher, dass nun mit göttlicher Intervention all seine Gebete erfüllt sein würden.

Wieder ertönte die Stimme und hallte durch das Haus. „Hilf mir!", bat die Stimme dringlich. „Hilf mir! Bitte, komm mir zu Hilfe … kauf dir ein Los!"

„Christina", sagten wir, „wenn du in der Lotterie gewinnen willst, dann musst du dir ein Los kaufen. Wenn du einen Bus erreichen willst, dann stellst du dich nicht in den Wald. Wenn du dich verabreden willst, kannst du nicht daheimsitzen und erwarten, dass jemand, der dir nie begegnet ist, dich anruft." Wir sagten ihr, dass sie, wenn sie einen Freund finden wollte – so simpel das auch klingen mag –, die Initiative ergreifen musste, damit es geschehen konnte.

Christina wurde durch das Gespräch ermutigt. Am selben Abend begann sie damit, ihr eigenes Los zu kaufen, und schloss sich einer Online-Partnervermittlung an. Wenn sie draußen war, schaute sie sich tatsächlich nach den verfügbaren Männern in ihrer Umgebung um, anstatt sich hinter ihren Augen zu verstecken und ein Lächeln aufzusetzen, das ihre Enttäuschung und ihre Gefühle von Unerwünschtheit verbarg.

Eine Sache führte zur nächsten und Christina fing damit an, an ihrem eigenen Leben beteiligt zu sein. Sie beschloss, für einen Marathonlauf zu trainieren, mit dem Geld für die Krebsforschung gesammelt werden sollte. Während des Trainings und anderen Marathon-Aktivitäten stellte Christina fest, dass sie von Männern umgeben war, von denen viele zur Verfügung standen. Aber sie hatte keine Verabredungen. Wir legten ihr nahe, flirten zu üben, indem sie hier und da jemanden anlächelte und auf die Reaktion achtete. In der Tat legten wir ihr nahe, dass sie überall flirtete, dass sie sich für andere Menschen interessierte, sich auf sie einließ und mit ihnen redete, ob es nun in der Warteschlange am Bankschalter war oder mit dem Postbeamten oder mit der Person, die ihr bei Starbucks einen Kaffee servierte. Es spielte keine Rolle, ob diese Person männlich oder weiblich war. Es ging nicht darum, sich zu verheiraten, genauso wie du nicht erwartest, wenn du ein Lotterielos kaufst, jedes Mal den ganzen Wetteinsatz zu gewinnen. Das Wichtige war, dass sie sich an die Spielregeln hielt. Ihre Chancen stiegen jedes Mal, wenn sie sich „ein Los kaufte".

Christina geht nun zu Verabredungen. Den Mann ihrer Träume hat sie noch nicht gefunden, aber wenn sie weiter investiert, hat sie eine viel bessere Chance als jemand, der Lotto spielt. Wenn du eine Chance auf deine Träume haben willst, dann kannst du nicht bloß im LazyBoy-Sessel des Lebens sitzen und erwarten, dass Gott eingreifen wird. Du musst dir dein eigenes Los kaufen und das Spiel mitspielen.

DEINEM HERZEN FOLGEN

Die Menschen sind getrieben. Das ist eine der Stärken und Schwächen der Menschheit. Wir sind entschlossen, etwas zu vollbringen, zu leisten und zu erreichen, was wir für unser Überleben und unseren Fortschritt für notwendig halten. Diese Qualität des Getriebenseins erzeugt eine kurzsichtige Betrachtungsweise des Lebens.

Vorwärtszukommen oder von einem Vorsatz getrieben zu werden kann uns blind machen für unsere Wahrheit, unser Herz und die Möglichkeiten außerhalb von dem, was wir rational, vernunftgemäß begreifen können.

Es gibt eine ganz andere Seinsform, die den meisten von uns, als wir heranwuchsen, nicht beigebracht wurde – und doch existiert sie in voller Blüte genau in diesem Augenblick. Während eines der stärksten Überlebenswerkzeuge der Menschheit ihr Intellekt und ihr rationaler, vernunftbetonter Verstand gewesen ist, steht uns eine ebenso machtvolle Fähigkeit zur Verfügung, die wir aber vielleicht nicht so häufig einsetzen – unsere Intuition oder unser Herz.

Sich in der heutigen Welt auf den Intellekt zu verlassen ist ähnlich, wie ausschließlich rechtshändig zu sein. Immer wenn du die Hand nach etwas ausstreckst, tust du das gewohnheitsmäßig mit deiner rechten Hand. Es verhält sich nicht so, dass du deine linke Hand nicht benutzen könntest, aber du denkst nicht einmal daran, sie zu benutzen. Du verlässt dich einfach auf deine rechte Hand, auch wenn du – mit Übung – mit beiden Händen gleich geschickt sein könntest.

In den folgenden Kapiteln öffnen wir ein Fenster in die Welt deiner Intuition, deiner natürlichen Gabe, zu wissen und deinem Herzen zu folgen. Wenn du entdeckst, wie du deiner eigenen „linken Hand“ vertrauen kannst, wirst du erkennen, wie unvorstellbare und tiefgründige Momente nur darauf warten, erfahren zu werden.

JENE KLEINE, GAR NICHT SO LEISE STIMME

Dieses Kapitel ist dem Thema gewidmet, auf jene kleine, leise Stimme zu hören, die normalerweise nicht darauf dringt, dass du ihr zuhörst; vielmehr wartet sie mit wertvollen Informationen auf, die, wie du oft im Rückblick erkennst, wichtig waren. Gewöhnlich taucht sie, ungeformt, auf als Gefühlseindruck, als blitzartiger Einfall oder als flüchtiger Gedanke. Später sagst du dann zu dir selbst: „Oh, das war damit gemeint. Ich wusste, ich sollte …" Diese Stimme unterscheidet sich von dem lauten inneren Radiosender, der jene alten, aber nicht so guten Ohrwürmer spielt, die Platten darüber, dass du es nicht schaffst oder nicht gut genug bist – die Platten, die du liebend gerne zertrümmern würdest, wenn sich dir die Chance dazu böte.

In der folgenden Geschichte bietet sich unserem Freund Ty die unleugbare Gelegenheit, wirklich auf sich selbst zu hören. Von Natur aus hartnäckig, war auch Tys Intuition hartnäckig und brachte ihn schließlich dazu, die Initiative zu ergreifen, obwohl er nicht an „so etwas" glaubte.

Ty, ein bodenständiger Bursche Mitte vierzig, hat rosige Apfelbäckchen und errötet leicht wie ein Jugendlicher. Von Beruf Farmer, verbringt er seine

Tage damit, sich um seine Tiere zu kümmern, ihr Futter vorzubereiten, Arbeiter anzuleiten, Maschinen zu reparieren und im Wesentlichen die Farm Tag für Tag in Gang zu halten. Einmal erzählte er uns mit einem reumütigen Grinsen, dass seine Tiere alle plötzlich sterben müssten, damit er einen richtigen Urlaub nehmen könnte … vermutlich stimmt das tatsächlich.

Ty hatte studiert und einen akademischen Grad in Wirtschafts- und Finanzwissenschaft erworben, entschied sich aber dafür, zur Farm zurückzukehren, wie schon sein Vater vor ihm. Als einziges Kind hat er es übernommen, den Familienhof in Boring, Oregon, zu bewirtschaften. Man könnte ihn leicht unterschätzen, weil er so bescheiden ist, immer zu einem Lachen bereit und mit einem echten Interesse an Dingen, was ihn dazu veranlasst, Fragen auf eine arglose Art und Weise zu stellen, die andere peinlich finden könnten. Würdest du dich aber eines Tages hinsetzen und mit Ty zwanglos plaudern, dann würdest du die Genialität wahrnehmen, die still hinter seinen freundlichen Augen und seinen weichen Gesichtszügen ruht.

Als Mann, dem es nichts ausmacht, kräftig anzupacken, wäre Ty der Erste, der dir sagen würde, dass er sich selbst nicht für sonderlich intuitiv hält, es sei denn, dass es sich um die Art von Intuition handelt, die aus jahrelanger Erfahrung kommt – beispielsweise wie Abwechslung in das Viehfutter zu bringen ist oder welches Antibiotikum zu verwenden ist, wenn seine Tiere Anzeichen einer Krankheit zeigen. Du kannst dir daher seine Überraschung vorstellen, als er in einer eisigen Oktobernacht einen sehr eigenartigen Traum hatte. Während des Schlafs drang eine Stimme zu ihm, die sehr deutlich sagte: „Gib die Züge zurück."

Während er seine Frau betrachtete, die leise neben ihm atmete, dachte Ty: *Das ist aber merkwürdig. Was könnte es bedeuten?* Es handelte sich um eine derart spezifische Anweisung mit einer scheinbar so klaren Absicht. Aber er verstand sie nicht.

Bei der Arbeit am Morgen fielen ihm die Worte „Gib die Züge zurück" wieder ein; daher versuchte er, ihre Bedeutung zu erraten. Da er aber stundenlang mit schwerer Arbeit beschäftigt war, dachte er nicht mehr daran, bis sich der Traum ein paar Tage später wiederholte. Er war genauso spezifisch und auf frustrierende Weise genauso vage. „Gib die Züge zurück", befahl die Stimme. Er wachte vor dem Morgengrauen auf, lag in seinem Bett und grübelte über die Bedeutung nach.

Ty erkannte, dass das Thema Züge im Allgemeinen von Bedeutung für ihn war. Er war von Zügen fasziniert, solange er sich erinnern konnte, angefangen damit, dass ihm sein Großvater eine Modelleisenbahn schenkte. Er hatte als Kind für sie geschwärmt und hielt sie auch als Erwachsener noch in Ehren.

Wie kann ich diese Züge zurückgeben?, fragte Ty sich. Sein Großvater war schon seit langem tot.

Ty mag auch echte Züge. Als er noch ein Junge war, nahm ihn sein Großvater zum Rangierbahnhof mit. Während seine kleine Hand sich an die riesengroße Hand seines Opas klammerte, beobachteten sie, wie die Züge einfuhren und Getreide und Nutzholz entladen wurden. Das Pfeifsignal eines Nachtzugs versetzte seinem Bauch immer noch einen nostalgischen Stich und gelegentlich ein flatterndes Gefühl in der Brust. Aber diese Züge waren lange vergangen, bloß Schemen der Erinnerung, die nicht zurückgegeben werden konnten.

Ty, ein praktischer Typ, verbannte die Stimme in seinen Träumen aus seinen Gedanken und machte sich an die Arbeit. Es gab allerhand, was ihn beschäftigt hielt, und nachdem er den Abend mit seiner Frau verbracht hatte, sank er nachts dankbar ins Bett. Aber irgendwann während der Nacht kam wieder die Stimme: „Gib die Züge zurück“, insistierte sie.

Nun wurde das langsam lästig und irgendwie unheimlich. Ty behielt die hörbaren nächtlichen Besuche für sich und überlegte, was sie bedeuten könnten. Da erinnerte er sich an seinen Onkel Clyde und Clydes Sohn Jack, seinen Cousin, der als Junge ebenfalls Züge gesammelt hatte. Jack, der nun Ende fünfzig war, war auch ein Einzelkind gewesen. Als Ty klein war, passte sein Cousin, der zehn Jahre älter war als er, manchmal als Babysitter auf ihn auf, und dann spielten sie gewöhnlich zusammen mit Zügen. Aber das war eine Ewigkeit her, bevor Onkel Clyde an einem Gehirntumor gestorben war.

Früh am Morgen grübelte Ty darüber nach, wann er seinen Onkel das letzte Mal lebend gesehen hatte. Es war 1984, als Onkel Clyde dem Tode nahe war und eine Hospizbetreuung hatte. Er hatte ihn im Obergeschoss von Clydes altem Zuhause besucht. Obwohl er schwer atmete und sein Gesicht bleich war, freute sein Onkel sich, ihn zu sehen. Ty war froh, dass er sich die Mühe gemacht hatte, dorthin zu gehen. Die Familien standen sich nicht besonders nahe. Es hatte keinen größeren Krach gegeben – so war es in seiner Familie nun einmal. Ty hatte Jack mehrere Jahre nicht gesehen. Als er hereinkam, saß Jack am Bett seines Vaters. Als Oberst bei den Green Berets sah er in seinen schwarzen Schnürstiefeln und seiner Militäruniform grimmig aus. Ty war beeindruckt von dem mächtigen Mann, der er geworden war.

„Was machst du denn hier?“, hatte Jack ihn angeschnauzt. „Verschwinde aus diesem Haus. Ich möchte, dass du mir nie wieder unter die Augen kommst!“

Jack hatte so ausgesehen, als wäre es ihm ernst und als hätte er die Mittel, die in seinen Worten enthaltene Drohung in die Tat umzusetzen. Abgesehen von der Beerdigung einige Tage später hatte Ty seinen Cousin daher fast zwei Jahrzehnte nicht gesehen.

Plötzlich erinnerte Ty sich an einen Zug in seiner umfangreichen Sammlung, den weder er selbst noch sein Großvater gekauft hatte. Es gab einen Lionel, funkelnagelneu und noch verpackt, der früher einmal Jack gehört hatte. Als Ty 13 war und Jack 23, war Onkel Clyde der Meinung gewesen, dass Jack zu alt für Spielzeug sei, und hatte den Zug unbedacht Ty gegeben und nie mehr einen Gedanken darauf verwendet.

Als Ty in dieser Nacht in seinem Bett lag, wurde ihm klar, dass es tatsächlich einen Zug gab, den er zurückgeben konnte. Im Tageslicht verlangte die Farm jedoch von ihm, dass er an seine Pflichten ging, und so verbannte er es wieder aus seinen Gedanken.

Anscheinend hatte die rätselhafte Stimme andere Vorstellungen. Sie drängte sich nun jede Nacht in seinen Schlaf und wurde spezifischer. „Gib die Züge zurück", befahl sie, „bis Weihnachten!"

Als Ty später daran zurückdachte, machte er sich klar, dass er während dieser Zeit wegen des unterbrochenen Schlafs etwas gereizt war. Es war fast so, als wäre ein Kleinkind im Haus, das sich nicht darum kümmerte, ob er Schlaf brauchte oder nicht oder ob er todmüde von einem anstrengenden Tag war. Die Stimme rief laut, um seine Aufmerksamkeit zu bekommen und ihn zum Handeln anzuspornen. Aber Ty ließ sich Zeit. Er glaubte nämlich nicht an übernatürliche Phänomene. Er glaubte an praktische Dinge: Tierzucht, die Erde, die Jahreszeiten und dergleichen. Daher fand er sich mit dem Lärm und dem Schlafmangel ab und nahm sein Tagewerk mit der Art von hartnäckiger Entschlossenheit in Angriff, die einem Farmer dabei hilft, es trotz magerer Jahreszeiten zu schaffen.

Neujahr kam und ging, während der Winter sich verabschiedete und auf den Frühling zubewegte. Aber die Stimme war noch nicht fertig mit Ty. Auch sie war entschlossen und hielt Schritt mit dem Kalender. Erneut begann sie ihn aufzuwecken: „Gib die Züge zurück", sagte sie. Nun gab es eine neue Anweisung: „Gib die Züge bis Ostern zurück!"

Schließlich dachte Ty: *Jetzt reicht's.* Am Samstagnachmittag vor Ostersonntag packte er den Karton mit dem kleinen Zug in eine braune Tragetüte. Er zog einen roten Pullover, Kakihosen und ein Paar saubere Arbeitsstiefel an und pfiff seinen schokoladenbraunen Labrador-Retriever Hershey herbei, um ihn zu seiner moralischen Unterstützung mitzunehmen. Als er sich anschickte, in seinen Lastwagen zu klettern, kam ihm plötzlich ein Gedanke: *Was ist, wenn er mich nicht erkennt?* Es war immerhin 20 Jahre her. Tatsächlich lebte Jack ebenfalls in Boring, Oregon, und es erschien ihm etwas merkwürdig, dass sich ihre Wege in all dieser Zeit niemals gekreuzt hatten.

Ty zog alles in Erwägung, was er über seinen Cousin wusste – Dinge, die in beiläufigen Familiengesprächen im Laufe der letzten 20 Jahre aufgekommen waren. Ty wusste, dass Jack Clydes Haus geerbt hatte und dass Jack vor einigen Jahren seinen Abschied vom Militärdienst genommen hatte. Er wusste auch, dass Jack freiwillige Arbeit für einige örtliche Wohltätigkeitsvereine und Organisationen leistete, beispielsweise bei den Pfadfindern. Ansonsten kannte er Jacks Gewohnheiten oder seinen Terminplan nicht. Er wusste nicht, ob er überhaupt in der Stadt war. Ty wusste nur, dass es, wenn möglich, Zeit war, die nächtliche Stimme zum Schweigen zu bringen.

Ty beschloss, seinen Lastwagen daheim zu lassen und für einen derart wichtigen Ausflug seinen tadellos erhaltenen orangefarbenen Nissan 280Z Sportwagen Baujahr 1978 zu nehmen. Als er ihn vorsichtig aus der Scheune zurücksetzte, erinnerte er sich daran, dass er dieses Auto gefahren hatte, als er Jack das letzte Mal gesehen hatte. Vielleicht würde dies irgendein Wiedererkennen bei seinem Cousin auslösen.

Als er die von Tannen gesäumte Auffahrt hochfuhr, sah das Haus noch fast genauso aus, wie er es in Erinnerung hatte, obwohl vielleicht ein wenig kleiner. Er nahm die Tüte an den Henkeln, hieß seinen Hund, auf ihn zu warten, und stieg aus seinem Sportwagen aus. Er ging an der zugerankten Veranda, dem ansteigenden Rasen, dem Azaleenbusch mit seinen dichten rosafarbenen Knospen vorbei. Ty stieg die Stufen zum Haus hoch, das schräg einfallende Nachmittagslicht warf einen langen Schatten hinter ihm. Er klopfte an die Tür, sein Puls beschleunigte sich, während er wartete. Es dauerte nicht lange, bis sich die Tür öffnete – und da stand Jack, er sah etwas älter und hagerer aus und seine militärische Haltung zeigte sich, auch wenn er ein T-Shirt und ausgebleichte Blue Jeans trug.

Jacks Augenbrauen hoben sich fast bis zum Haaransatz, während er hervorstieß: „Was machst du denn hier?“ Seltsamerweise war es genau dasselbe, womit er vor 20 Jahren Ty angeknurrt hatte, genau eine Treppe höher von der Stelle, wo sie jetzt standen.

In diesem Augenblick wäre Ty wirklich gerne woanders gewesen als dort, wo er war, wie er da in der Spätnachmittagsonne auf der Veranda stand, mit dem schwachen Geruch von Nadelbäumen, den die Brise herbeitrug, und seinem Hund, der geduldig auf ihn im Auto wartete. Er wusste jedoch, dass er hier sein musste, denn das schien sich herauszukristallisieren, als er die große braune Tragetüte vorstreckte, die den Karton mit dem kleinen Lionel darin enthielt.

„Hier", sagte er, „das ist für dich. Es gehört dir."

Verblüfft blickte Jack in die Tüte hinein, die in der Sonne leuchtete und deren Inhalt ebenso wirkungsvoll angestrahlt wurde, als hätte er ein Spotlight benutzt. Zu Tys großer Überraschung brach sein Cousin, ein Mann von fast 60 Jahren, ein Oberst a. D. der Green Berets, in Tränen aus. Es war die Art von Weinen, das spontan in dicken Tropfen aus den Augen hervorschießt. Jack drehte sich weg, stützte sich mit der Hand auf die Lehne eines Stuhls, der neben dem Küchentisch stand, legte seinen anderen Arm über seine Augen und weinte.

In diesem Moment ging Ty ein Risiko ein, machte einen einzigen Schritt, der so viel bedeutete.

Er hob einen Fuß in seinem sauberen Arbeitsstiefel, trat über die Türschwelle und in die Küche hinein. In den früheren zornigen Worten seines Cousins: „Was machst du denn hier? Verschwinde aus diesem Haus. Ich möchte, dass du mir nie wieder unter die Augen kommst!“ war eine Androhung von körperlicher Gewalt enthalten. Jetzt war sie weggewischt, und 20 Jahre der Trennung endeten mit dieser einen einfachen Bewegung.

Jack nahm sich zusammen und zog den Stuhl heraus, auf den er sich gestützt hatte. Er forderte Ty mit einem Wink dazu auf, sich zu setzen, und zog einen anderen Stuhl für sich selbst heran. Ty schloss langsam die Tür, setzte sich und wartete.

Jack sagte: „Es tut mir leid. Ich bedaure die gemeinen Dinge, die ich gesagt habe, als ich dich das letzte Mal sah. Ich habe es wirklich nie so gemeint. Ich litt nur so und mein Vater war so abweisend mir gegenüber gewesen. Ich konnte es ihm niemals recht oder gut genug machen; er schien dich zu bevorzugen. Bitte vergib mir. Ich habe dich aus meinem Leben verbannt, und es war nicht deine Schuld. Ich habe einfach gelitten.“

Tys rosige Wangen wurden noch rosiger. In seinen wildesten Träumen hätte er nie diese Art von Reaktion oder Empfang erwartet. Er wollte lediglich dieser verdammten Stimme Einhalt gebieten. Aber das war noch nicht die allergrößte Überraschung. Er sollte gleich noch einen weiteren Schock bekommen. Über zwei Bechern mit dampfendem Kaffee machte Jack ein weiteres Geständnis:

„Ty, das wird sich nun merkwürdig anhören, aber ich habe diese Träume gehabt. Jede Nacht drang eine Stimme zu mir und ich konnte mir nicht vorstellen, was sie bedeutet. Die Stimme wiederholte immer wieder dasselbe. Sie sagte: ‚Die Züge kommen!'"

Diese beiden erwachsenen und sehr handfesten Männer blickten einander hilflos an, als Ty seine Träume beschrieb, die ihn anwiesen, die Züge zurückzugeben. Keiner von beiden glaubte an Geister oder Phantome oder winzige Tierchen, die in der Nacht herumpoltern. Beide glaubten daran, dass die Sonne am Morgen aufging und am Abend unterging, und an die tüchtige harte Arbeit, die dazwischen kam. Aber ob sie es glaubten oder nicht: Die kleine, gar nicht so leise Stimme hatte sie wieder zueinander geführt; zurück dazu, Familienangehörige und Freunde zu sein.

Vielleicht wird Tys Erfahrung dir einen zusätzlichen Anstoß geben, aus dir herauszugehen und deine eigenen herausfordernden Schritte zu unternehmen, selbst wenn du keinen Beweis dafür hast, dass dies zu tun das „Richtige" ist. Manchmal beinhaltet eine leise Vorahnung die beste Information, die du bekommen wirst. Wenn du nach deiner Intuition handelst, wirst du vielleicht einfach bloß herausfinden, dass jener kleinen, gar nicht so leisen Stimme deine bestmöglichen Interessen am Herzen liegen.

DEINEN WAHREN HERZENSWUNSCH ENTDECKEN

– Aus Ariels Sicht erzählt –

Als Shya und ich zum ersten Mal als Vortragsredner für eine *Earth Conference* nach Bali in Indonesien reisten, trafen wir eines Tages Oka, scheinbar zufällig. Unser Tourenbus hatte am Wohnsitz eines berühmten Masken-Skulpteurs in dem kleinen Holzschnitzer-Dorf Mas angehalten. Shya und ich waren von der Ausstellung lange vor unseren Mitreisenden ermüdet, und wir entschlossen uns dazu, ins Nebenhaus zu gehen, um uns etwas die Zeit zu vertreiben und zu sehen, was der Nachbarladen anzubieten hatte. Damit begann eine angenehme nachmittägliche Zerstreuung, die radikal die Form unseres Lebens veränderte.

Auf unserem Weg in die Tiefen der angrenzenden Galerie wurde unsere Aufmerksamkeit gefangen genommen durch den Anblick von Figuren in einer kleinen Glasvitrine; es handelte sich dabei um exquisite kleine Schnitzereien aus Sandelholz. Als wir die Glastür öffneten, wehte uns der starke Duft des Holzes zur Begrüßung entgegen. Shya nahm eine kleine makellose Schnitzarbeit eines Buddha-Kopfes mit dem Ausdruck von heiterer Gelassenheit in die Hand. Die Gesichtszüge wirkten friedlich und lebendig – fast so, als könnte der Buddha seine Augen öffnen und zu uns sprechen. Als Shya die kleine Statue in der Hand hielt, sagte ein junger Mann, der an der Wand gelehnt hatte, ruhig: „Oh bitte, wenn Sie ihn kaufen, dann halten Sie ihn von der Sonne fern. Ich habe fast zwei Wochen gebraucht, um ihn zu schnitzen."

Der Typ mit der sanften Stimme, der einen abgetragenen Sarong und ein weißes T-Shirt trug, war I. B. Oka, ein Holzschnitzer in der zwölften Generation. Oka stammte aus einer langen Geschlechterlinie von Hindu-Priestern und weißen Magiern, doch das wussten wir damals noch nicht. Wir wussten nur, dass dieser faszinierende Bursche mit seinem Kopf voller pechschwarzer Haare viel zu jung und seinem Wesen nach viel zu wenig imposant dafür war, um eine derartige Meisterschaft in der Holzbearbeitung erlangt zu haben.

Es war etwas an Okas Arbeit, das mir den Atem nahm und gleichzeitig an mein Herz rührte. Ich schätzte die Einfachheit seiner Formgebung und seines Stils. Zögernd und mit Ehrerbietung stellten wir den Buddha-Kopf in seine Vitrine zurück, damit wir einen Rundgang machen und sehen konnten, welche sonstigen erlesenen Fundstücke sich noch in anderen Teilen der Galerie befanden. Als wir durch die nächsten paar Räume gingen und eine Maske hier und eine Statue dort bewunderten, stellten wir fest, dass die meisten Stücke, die uns ansprachen, von Oka selbst gefertigt worden waren, obwohl auch Werke von vielen Kunsthandwerkern an den Wänden hingen.

Als wir unseren Weg durch die Galerie fortsetzten, den Anblick in uns aufsogen und in kleinen Schlucken kaltes Wasser tranken, das Oka uns angeboten hatte, stießen wir auf eine außergewöhnliche Schnitzarbeit, ein „Breyut". In Bali wird jedes Elternpaar, das vier oder mehr Kinder hat, Breyut genannt. Paare, die keine Kinder bekommen können, werden sich eine Breyut-Statue – als Sinnbild für Reichtum und Fruchtbarkeit – aussuchen und ihr Opfergaben darbringen. Sie werden dort um ein Kind beten. Die Statue vor uns war aus der Grundform eines Hibiskusbaumes geschnitzt worden. Aus dem festen Holzkern bis hin zu den Wurzelfasern kamen eine Mutter, ein Vater, ihr Erstgeborenes und fünfzehn weitere Kinder hervor. Die Figuren schienen in Blumen zu ruhen oder aus Flammen hervorzuwachsen. Die Kinder waren alle mit fast keinen Gesichtszügen und großen spatelförmigen Fingern geschnitzt, so als würden sie darauf warten, von den Seelen, die sie bewohnen sollten, geformt zu werden.

Oka stand neben uns und sagte mit ruhiger Stimme: „Über ein Jahr lang habe ich jede Nacht an diesem

Holzstück geschnitzt. Meine Familie dachte, ich wäre verrückt, so viel Zeit mit etwas zu verbringen, das nie verkauft werden würde, aber ich musste es tun. Es gibt schon in anderen Dörfern Breyuts von mir, die dabei geholfen haben, den Dorfbewohnern Kinder zu schenken."

Ich musste die Köpfe der Babys berühren und die Flammen mit meinen Fingern nachzeichnen. Die Oberfläche war dermaßen glatt. Aus keinem ersichtlichen Grund begann ich zu weinen. Ich hatte davon gehört, zu Tränen gerührt zu sein, aber seit meiner Jugend hatte ich nicht mehr die Art von Inspiration verspürt, die ich in der Nähe dieser Schnitzerei spürte.

Es war Zeit, zu unserer Ausflugstour zurückzukehren. Widerstrebend verließ ich das innere Heiligtum der Galerie. Wir gaben Oka die Hand und bedankten uns bei ihm für die Zeit, die er uns geschenkt hatte.

Später in dieser Nacht träumte ich von dem Breyut. Am nächsten Morgen, zwischen Wachen und Träumen, rollte ich mich auf die Seite, während Visionen des Breyut sacht an meinem geistigen Auge vorbeischwebten. Ich bemerkte nicht, dass auch Shya wach war, bis er sagte: „Okay, Ariel, wir gehen zurück und holen es. Ich wusste, dass wir hier ein

Geburtstagsgeschenk für dich finden würden. Ich hatte bloß nicht die geringste Ahnung, dass es eine 1,20 Meter große Statue sein würde."

Wir mieteten ein Auto und fuhren am nächsten Tag nach Mas zurück; der Breyut zog uns magnetisch an. Im hinteren Teil der Galerie herumschlendernd, führten Shya und Oka ein Gespräch.

„Meine Frau hat sich in eine Ihrer Statuen verliebt, Oka, und ich hoffe, wir können sie uns leisten,"

„Welche?", lautete die sanfte Erwiderung.

Shya stand vor dem Meisterwerk. „Diese hier, Ihr Breyut."

Oka schüttelte den Kopf und sagte: „Es tut mir leid. Sie ist unverkäuflich."

Mein Herz sank, aber ohne mit der Wimper zu zucken, schaute Shya ihm in die Augen und sagte: „Nun, wenn sie verkäuflich wäre, wie viel würde sie dann kosten?"

Dunkle prüfende Augen erwiderten seinen Blick, so als wollte Oka den Mann vor ihm einschätzen. Wenn wir das Breyut kauften, würden wir diesen Kindern aus seiner inspirierten Hand ein gutes Zuhause geben, oder waren wir einfach ausländische Händler, die Profit machen wollten, indem sie seine Kunst weiterverkauften? Schließlich nannte Oka seinen Preis, und wir wurden uns einig.

Wir vereinbarten, ihm das Geld in ein paar Tagen zu bringen, wenn wir eine weitere Pause bei unserer Konferenz hatten, und er erklärte sich dazu bereit, eine Lattenkiste zu bauen und unser Kleinod zu verpacken. Ich war begeistert. Als wir aufbrachen, blickte Oka mich an.

„Wenn du zurückkommst, Ariel, werde ich ein Geschenk für dich haben, einen winzigen Buddha aus Sandelholz, so groß", sagte er und zeigte die Größe der Spitze seines Zeigefingers. „Er wird in einem Kästchen aus Ebenholz sitzen, das wie eine geschlossene Lotosblüte aussieht. Wenn du die Blume öffnest, wird der Buddha im Innern sitzen."

Am Tag, als wir zum Bezahlen zurückkamen, stand Oka zu seinem Wort. Als er meine Hand um den Lotos aus Ebenholz legte, in dem der kleine Kerl aus Sandelholz verborgen war, bekam seine Stimme einen ernsten Ton.

„Ariel, wenn du das heute Nacht an dein Bett stellst, wird der Buddha in deinen Träumen zu dir kommen."

Ja, ganz bestimmt, dachte ich. Doch ich lächelte, als ich mich bei ihm für das Geschenk bedankte, um ihn nicht zu kränken.

Trotz meiner unmittelbaren zynischen Reaktion auf Okas Vorschlag war ich an diesem Tag wie ein Kind mit einem neuen Spielzeug. Ich würde monatelang warten müssen, bis mein Breyut daheim in Amerika ankam, aber ich hatte eine kleine spürbare Erinnerung an seine Großartigkeit, die sich in dem Lotos in meine Hand schmiegte. Immer wieder während des Nachmittags öffnete ich die hölzerne Blume, um den verborgenen Schatz zu finden, der mich darin in ruhiger Heiterkeit erwartete.

An diesem Abend, ehe wir schlafen gingen, stellte ich den Buddha neben mein Bett. Bald hatte ich einen Traum:

Es war Nacht und ich stand am Rande einer Minigolfanlage, mit einem Putter in der Hand. Neben mir stand ein kleiner Junge mit blondem Haar, der zu mir hochblickte und sagte: „Komm, Ariel! Gehen wir zusammen Putt-Putt-Golf spielen."

„Okay", entgegnete ich, „aber weißt du, ich kann das nicht besonders gut."

Genau in diesem Augenblick hörte ich eine vertraute sanfte Stimme: „Entschuldige bitte, aber du weißt, dass das nicht stimmt. Du bist sehr gut bei allem, was dir Freude macht."

Als ich aufblickte, sah ich Oka. Im Gleichgewicht seiner offenen Handfläche stand der geöffnete Lotos aus Ebenholz und natürlich der Buddha. Ich wusste jetzt, dass ich träumte, aber das Gefühl des Golfschlägers in meiner Hand und das helle Grün des Kunstrasens auf den Übungsflächen für das Putten schienen sehr real zu sein.

Als ich früh am nächsten Morgen erwachte, blieb der Traum lebendig. So einfach wie er war, führte er doch einen tiefgreifenden Wandel bei mir herbei. Als ich dort im Halbdunkel unseres Zimmers lag, wurde mir bewusst, dass Shya friedlich neben mir schlummerte; seine tiefen und gleichmäßigen Atemzüge bildeten die Hintergrundmusik zu meinen träumerischen Betrachtungen.

Die Botschaft meines Traumes wiederholte sich noch einmal in meinem Kopf: „Entschuldige bitte, aber du weißt, dass das nicht stimmt. Du bist sehr gut bei allem, was dir Freude macht." Verschiedene Szenen aus meiner Kindheit und dann aus meinem noch nicht so lange vergangenen Leben spielten sich wie ein Video ab. Zurückliegende Ereignisse sortierten und ordneten sich neu, während ich dabei zuschaute.

Es gab Aktivitäten, Projekte und Sportarten. Es gab die Bemühungen, die ich für Fehlschläge gehalten hatte. An andere Vignetten erinnerte ich mich als Triumphe und manche von ihnen fielen durch. Aber irgendwo inmitten all dieser Erfahrungen, die ich stets als Erfolge oder Fehlschläge beurteilt hatte, existierte die Wahrheit, dass ich in allem, was von meinem Herzen inspiriert und Ausdruck meines wahren Selbst war, versiert geworden war und mich vervollkommnet hatte. Mir wurde auch klar, dass andere Beziehungen und Leidenschaften nicht deshalb allmählich versickerten, weil ich nicht gut darin war, sondern weil sie nicht Teil meines wahren Herzenswunsches waren.

Einzelne Momente in der Zeit waren wie Perlen aneinandergereiht, die alle zu diesem Augenblick führten. Ich spürte ein Gefühl von Vollkommenheit und tiefer Entspannung. Als ich an diesem Morgen wieder in den Schlaf zurückglitt, war mein Gesicht ein Spiegel der Minifigur, die auf meinem Nachtisch saß.

EMOTIONALER AUFRUHR

Wenn wir in einer Familie aufwachsen, ahmen wir die Verhaltensweisen der Menschen um uns herum nach. Wenn sie ihre Lebensumstände dadurch manipulieren, dass sie überemotional reagieren oder damit drohen, so wird dies von Generation zu Generation weitergegeben.

Die meisten Menschen leben – selbst in den allerbesten Zeiten – von einem emotionalen Aufruhr zum nächsten, und häufig überschneiden sich diese Episoden. Sie werden in Gang gesetzt, wenn die Dinge nicht so laufen, wie wir es lieber hätten. Unter diesen Umständen besteht die automatische Reaktion darin, sich aufzuregen und emotional verstimmt zu sein, so als würde dies die Umstände irgendwie dazu zwingen, sich zu verändern.

Es gibt Zeiten, in denen ein Gefühlsausbruch in Wirklichkeit vermeiden will, sich mit etwas zu beschäftigen, das eine Herausforderung darstellt. Es kann eine Methode sein, eine Mitteilung zu vermeiden, von der wir nicht wissen, wie wir sie überbringen sollen, oder eine Taktik, die angewendet wird, um den Beginn eines neuen oder herausfordernden Projektes zu verzögern. In Wahrheit leistet es uns jedoch keinerlei positive Dienste, über etwas aufgebracht zu sein.

In diesem Abschnitt bieten wir verschiedene Sichtweisen auf Gefühlsausbrüche sowie auch erfolgreiche Strategien an, um ihnen auszuweichen oder dich aus ihnen herauszuziehen. Schließe dich uns an und entwickle die Beherrschung über beunruhigende Situationen, damit du in Zeiten der Herausforderung zu deinem wahren Selbst zurückkehren kannst.

DIE BREMSEN ZIEHEN UND DEN RÜCKZUG ANTRETEN

– Aus Shyas Sicht erzählt –

Sarah saß rechts von uns, und sie hatte offensichtlich den dringenden Wunsch zu sprechen. Wir leiteten eines unserer Montagabend-Seminare in Manhattan, und von Sarah ging eine Frustration aus, deren Ursache noch aufgedeckt werden musste.

Ariel musste beschlossen haben, ihr ein bisschen zu Hilfe zu kommen, als sie sagte: „Wer hat eine Frage oder möchte etwas sagen?" Ihr Blick glitt über das Meer von Gesichtern und landete mit einem Lächeln bei Sarah.

Sarah ist eine Afroamerikanerin Anfang vierzig. Sie hat ein sehr hitziges Wesen, das durch ihre natürliche Eleganz ausgeglichen wird. Schnell ergriff sie ihre Chance und sprang auf.

„Ariel, Shya", sagte sie, „ich bin so frustriert, dass es kaum zum Aushalten ist." Dabei machte sie dramatische und etwas komische Handbewegungen.

Scheinbar ernsthaft fragte ich sie: „Was ist passiert?", was Sarah dazu veranlasste zu kichern und ihre Anspannung beträchtlich reduzierte.

„Ich bin dauernd aufgebracht! Das macht mich verrückt. Anscheinend kann ich nicht anders. Ich erlebe einen Gefühlsausbruch nach dem anderen, sie gedeihen wie Unkraut!"

„Fährst du?", fragte ich sie.

„Was?" Sarah wirkte verwirrt. Sie war gerade dabei, uns die dramatischen Einzelheiten ihres Gefühlsausbruchs zu erzählen. Doch sie wusste nicht, dass die Wiederholung dieser Details mit großer Wahrscheinlichkeit den Kreislauf wieder in Gang setzen konnte, nur wieder erneut aufgebracht zu sein.

„Ein Auto. Kannst du Auto fahren?"

Langsam nickte sie bejahend. Ich konnte spüren, dass sie sich fragte, worauf ich hinauswollte und was das damit zu tun hatte, aufgebracht zu sein.

„Nun, wenn du mit deinem Auto fahren würdest, und du würdest in eine Einbahnstraße einbiegen und entdecken, dass du in der falschen Richtung fährst, was würdest du dann als Erstes tun?"

„Schreien!"

Die Gruppe lachte und auch Ariel lächelte, als sie sagte: „Nehmen wir einmal an, dass Schreien in dieser Situation nicht nötig ist."

Ich fragte sie wieder. „Wenn du in eine Einbahnstraße eingebogen wärest und entdeckt hättest, dass du jetzt in die falsche Richtung fährst, was solltest du dann als Erstes tun – außer schreien?“

„Hinter mich schauen.“

„Nun, wenn du das tun würdest, dann könntest du beim Weiterfahren an etwas anstoßen.“

„Oh, das stimmt“, sagte Sarah. „Ich würde anhalten.“

„Richtig, du würdest die Bremsen ziehen und nach Möglichkeit den Rückzug antreten. Genauso sind Gefühlsausbrüche, Sarah. Wenn du anfängst, aufgebracht zu werden, dann zieh einfach die Bremsen und tritt den Rückzug an.“

„Vor vielen Jahren“, fuhr Ariel fort, „mieteten Shya und ich ein Haus, und unser Vermieter wohnte direkt nebenan. Er war ein sehr unangenehmer Mensch, und wir stellten fest, dass wir über sein Verhalten ständig verärgert waren. An einem sehr heißen Sommerabend machten Shya und ich noch spät in der Nacht einen Spaziergang. Ringsum war niemand sonst, da wir auf dem Lande wohnten. Doch während wir die Straße entlanggingen, hatten wir unseren Vermieter dabei … in Form unserer Beschwerden und Klagen über ihn. Er ging die Straße auf und ab und leistete uns Gesellschaft, während wir uns wieder einmal über etwas ärgerten, das bereits geschehen war und das zu ändern wir keine Hoffnung hatten. Wir befanden uns tief in der aufgebrachten Reklamationsabteilung unseres Geistes. Das ist das Gegenstück dazu, eine Einbahnstraße in der falschen Richtung zu fahren. Genau da und auf der Stelle kamen wir überein, den Rückzug aus dieser Abteilung anzutreten. Und weißt du was? Es funktionierte!"

Sarah wirkte nachdenklich. Das war ihr offenbar noch nie eingefallen. Langsam breitete sich ein Lächeln auf ihrem Gesicht aus. „Glaubt ihr wirklich, dass ich das tun kann?", und dann einen Augenblick später: „Wie mache ich das?"

Darüber mussten wir alle ziemlich lachen.

„Nun, Sarah, wenn du dich beklagst, dann sagst du damit, dass die Dinge nicht so sein sollten, wie sie sind, dass der Augenblick nicht vollkommen ist."

„Aber das ist er auch nicht … schaut euch doch bloß mein Haar an! Bei dieser ganzen Feuchtigkeit kräuselt es sich einfach." Dabei grinste sie.

„Ach, Sarah", fuhr Ariel fort, „gerade bist du auf des Rätsels Lösung gestoßen. Ein totaler Gefühlsausbruch ist nur die Spitze des Eisbergs. Wenn du feststellst, dass du von einem Gefühlsausbruch zum nächsten schlitterst, dann fange damit an, dir diese kleinen, scheinbar harmlosen Klagen einmal anzuschauen."

Sarah drehte ihren Kopf zur Seite. „Wie meinst du das?"

„Sollen wir nicht zu den Drei Prinzipien der Transformation zurückkehren?", warf ich ein. „Das Erste Prinzip lautet: Alles, wogegen du dich wehrst, wird bestehen bleiben und stärker werden. Nimm eine kleine Beschwerde. Jede Beschwerde, jedes Sichbeklagen ist eine Form von Widerstand. Je mehr du dich zum Beispiel über dein Haar beklagst, desto mehr Beachtung misst du ihm bei und desto mehr Gewicht bekommt es. Das soll keine Anspielung sein."

Sarah lächelte, berührte ihr Haar und nickte.

„Als Nächstes kommt das Zweite Prinzip der Unmittelbaren Transformation, das erklärt, dass du nur genauso sein kannst, wie du in irgendeinem bestimmten Augenblick bist. Mit anderen Worten, du kannst nur das Haar haben, das du hast, oder nur dort stehen, wo du gerade bist, und du könntest wirklich nicht an irgendeinem anderen Ort und auf irgendeine andere Weise sein. Natürlich hat jeder von uns eine Phantasievorstellung davon, wie die Dinge sein könnten oder vielleicht anders sein sollten. Aber, Sarah, du kannst hier nur genauso sein, wie du gerade jetzt bist."

Sarah wirkte immer noch etwas verwirrt, aber sie entspannte sich. Sie balancierte nicht mehr oben auf der Rutsche und war nicht mehr drauf und dran, wieder in jenen schlüpfrigen Abgrund ihrer Gefühlsausbrüche hineinzugeraten.

Ab hier übernahm wieder Ariel. „Sarah, das Dritte Prinzip der Unmittelbaren Transformation lautet: Alles, was du *sein* lässt, ohne es zu be- oder verurteilen oder zu versuchen, es zu verbessern, wird sich selbst vollenden und aufhören, dich und dein Leben zu beherrschen."

„Lass mich das weiter erklären", sagte ich. „Wenn du feststellst, dass du dich beklagst oder aufgebracht bist, dann ist das die einzige Möglichkeit, wie du in diesem Augenblick sein kannst. Tun wir so, als ob meine Finger eine Digitalkamera wären. Und wenn ich mit den Fingern schnippe, fotografiere ich ein Abbild von dir. Ist es möglich, dass du in diesem Augenblick gesessen haben könntest?"

„Nein, natürlich nicht", sagte sie mit einem anhaltenden Grinsen. Sarah war nun ganz in das Gespräch vertieft, und die Gefühlsaufruhr war verflogen.

„Nun, kannst du womöglich nicht aufgebracht sein, wenn du es bist?"

„Nein", sagte sie diesmal etwas langsamer. „Wenn ich aufgebracht bin, dann bin ich so. Ich mag mir vielleicht in meiner Phantasie einbilden, dass die Dinge besser werden, aber es ist offensichtlich, dass die Dinge so sind, wie sie sind – besonders dann, wenn ich aufgebracht bin. Aber ich mag das nicht und möchte es ändern", sagte sie, wobei sie mit dem Fuß aufstampfte.

Wir mussten alle lachen, während Sarah tatsächlich ganz fröhlich ihr Dilemma umriss.

„Okay, Sarah, es nicht zu mögen führt dich geradewegs zum Ersten Prinzip zurück. Das, wogegen du dich wehrst, bleibt bestehen. Wenn das Zweite Prinzip zutrifft, wie wir es gesehen haben, dann kannst du natürlich, wenn du nicht aufgebracht sein magst, auch nur nicht mögen, dass du aufgebracht bist. Du kannst nur du sein, wie auch immer du bist, in jedem Augenblick. Zum Glück gibt es noch ein Drittes Prinzip der Unmittelbaren Transformation: Alles, was du genauso sein lässt, wie es ist, wird sich selbst vollenden und aufhören, dich zu beherrschen."

„Okay", sagte sie, „ich beginne es einzusehen."

„Deine frühere Lösung mit dem Schreien, wenn du merkst, dass du gerade eine Einbahnstraße in der falschen Richtung entlangfährst, war mehr als nur ein guter Scherz; so gehst du tatsächlich an diese Gefühlsausbrüche heran. Wenn du feststellst, dass du aufgebracht bist, dann beklagst du dich und schreist in Gedanken. Du erkennst nicht, dass du diesen Schritt einfach überspringen kannst. Es ist möglich, dass du lediglich anhalten, buchstäblich die Bremsen ziehen und den Rückzug aus dieser Abteilung antreten kannst."

In diesem Augenblick stand unser Freund Andy, der links von uns saß, auf und fragte: „Darf ich etwas ergänzen?"

„Natürlich, Andy", sagte Ariel.

„Sarah, ich habe einen kleinen Sohn, Alex. Er ist vier Jahre alt. Neulich hatte er einen Wutanfall, weil er sich nicht die Zähne putzen wollte. Er war böse auf mich und sagte, dass er nicht verstehe, warum ich alle Regeln aufstellen würde. Ruhig sagte ich ihm, dass Zähneputzen nicht meine Regel sei, sondern die des Zahnarztes. Nachdem Alex sich die Zähne geputzt hatte, setzte ich mich auf den Boden mit ihm und wir redeten darüber. Ich sprach über diesen Gefühlsausbruch, den er erlebt hatte. ‚Alex', sagte ich, ‚kennst du das Gefühl, das du bekommst, wenn du aufgebracht wirst, weißt du, wie es dich überkommt?' Er nickte bejahend und daher sagte ich: ‚Nun, dann, wenn du selbst eine Regel aufstellen willst, wenn du selbst die Verantwortung tragen willst, dann kannst du Nein zu ihm sagen! Sag ihm, dass es weggehen soll.‘ Alex sah nachdenklich aus, dann erhellte sich sein ganzes Gesicht und er rief: ‚Ich kann ihm sagen, dass es ins Gefängnis gehen soll!‘“

Wir lachten alle, während Andy seine Geschichte beendete: „Dies war die lustige Version eines Vierjährigen, Nein zu sagen, die Bremsen zu ziehen und den Rückzug anzutreten, wenn man eine Einbahnstraße in der falschen Richtung entlangfährt. Ich habe ihn dabei beobachtet, wie er seitdem mit seinen Gefühlen ringt. Manchmal ruft er es sogar laut aus und wir lachen, wenn er lernt, dass er derjenige ist, der das Sagen hat, nicht der Gefühlsausbruch.“

Es gab etwas Applaus, und Sarah lächelte, während sie und Andy sich wieder hinsetzten. Von ihrem Stuhl aus meldete sie sich zu Wort: „Ich glaube, dass ich einiges von einem Vierjährigen lernen kann! Danke, Andy. Danke, Ariel und Shya. Ich bin gespannt zu sehen, was von jetzt an passiert.“

„Bist du jetzt aufgebracht?“, fragte ich.

Sarah setzte sich ein wenig gerader auf ihrem Stuhl hin und erwiderte: „Überhaupt nicht. Mein Auto fährt in die richtige Richtung und ich bin am Steuer.“

NOCH EINMAL VON VORN ANFANGEN

Hast du dich jemals in einer jener Launen befunden, wo einfach alles, was dein Partner sagt oder tut, Anlass zum Streiten gibt? Du weißt, wie es sich anfühlt, wenn du so wütend oder erregt bist und nichts, was er sagt oder tut, richtig ist oder genügt, um dein Gefühl von Verärgerung abzuschwächen?

Vor kurzem sind wir einem Paar begegnet, das in einem dieser veränderten Bewusstseinszustände steckte. Sie kamen zu uns, um über ihre Beziehung zu sprechen und wie, was auch immer sie taten, es stets auf Ärger und Verdruss hinauslief und ihr Streit sich niemals völlig aufzulösen schien. Sicher, von Zeit zu Zeit legte er sich etwas, doch die Glut des Widerspruchs schwelte immer nur unter einer dünnen Schicht und konnte jederzeit ausbrechen.

Das Komische daran war, dass beide von ihrem individuellen Standpunkt aus recht hatten. Von seinem Standpunkt aus hieß es: „Sie will immer …", und von ihrem Standpunkt aus hatte er unrecht, und alle ihre Freunde stimmten mit ihrer Sicht der Situation überein. Dieses Paar hatte eine lange Liste von Kränkungen, die in die Anfangszeit ihrer Beziehung zurückreichten. Es waren vergangene Ereignisse, über die sich die beiden weiterhin uneinig waren.

Hal und Mary steckten in den gleichen grundlegenden Verhaltensmustern fest, die wir auch in anderen engen Beziehungen erlebten, wo nichts sich aufzulösen schien. Wie sehr sie auch immer versucht hatten, die Situation zu verändern oder in Ordnung zu bringen, sie blieb weiterhin dieselbe oder wurde sogar noch schlimmer. Sie kamen zu uns, um ins Auge zu fassen, ob sie zusammenbleiben sollten oder nicht. Ihre Situation wurde weiter durch die Tatsache erschwert, dass sie ein 16 Monate altes gemeinsames Kind hatten. Mittlerweile war das Gefühl von Intimität zwischen ihnen völlig abgenutzt, und obwohl sie sehr an ihrer Tochter hingen, war sie zum Brennpunkt für viele ihrer Zwistigkeiten geworden.

Das wirkliche Problem war, dass Mary und Hal sich trotz ihres ganzen Streites offensichtlich immer noch liebten. Sie konnten einfach nur keinen Weg finden, um die alten Kränkungen zu vermeiden, die immer wieder an die Oberfläche kamen – brandstiftende mechanische Verhaltensweisen, die sie gegen ihren Willen zum Kämpfen brachten.

Unser gewöhnlicher Ansatz besteht darin, herauszufinden, wo alles angefangen hat und was passiert ist, um den Streit auszulösen. Als wir uns danach erkundigten, was dieses Verhalten zuerst hervorrief, hatten sowohl Hal als auch Mary beide ihre Begründungen dafür, was der andere getan oder nicht getan hatte und wodurch die Situation entstanden war, und von ihrem jeweiligen Standpunkt aus waren beide „im Recht“. Offensichtlich hatten wir hier ein Patt. Was auch immer wir zur Sprache brachten, beide waren überzeugt davon, dass jeweils der andere die Ursache für ihren Stress, ihre Verstimmung und Unzufriedenheit sei. Das ist für die meisten Beziehungen, die in Schwierigkeiten stecken, normal.

In Situationen wie der bei Hal und Mary, in der die Partner seit mehreren Jahren zusammen sind, ist der Ausgangspunkt für die Unstimmigkeiten immer unklar. Was also ist zu tun, um den Schmerz zu vermindern, wenn ihr in einem gewohnheitsmäßigen Beziehungsmuster festsitzt, das keinen Anfang und kein Ende zu haben scheint? Einem Beziehungsmuster, das sich in seiner Häufigkeit, Intensität und Dauer weiter beschleunigt?

An irgendeinem Punkt werden die Gründe, weshalb ihr aufgebracht seid, irrelevant, weil alles zum Anlass für Störungen wird. Die Situation ist so lange Zeit ungelöst geblieben, dass keine Möglichkeit besteht, zurückzugehen und alle Kränkungen und Übertretungen in Ordnung zu bringen.

Was also ist dann zu tun? Ihr könnt euch voneinander trennen, und dies ist das Endergebnis, zu dem sich viele Liebesbeziehungen entwickeln … man nennt es Scheidung. Ihr könnt euch gegenseitig unaufhörlich bestrafen und ein Leben voller Beschwerden und Schmerz führen. Oder ihr könnt noch einmal von vorn anfangen.

Es hat Phasen in unserer Beziehung gegeben, in denen wir miteinander stritten und keinen Ausweg aus der Unstimmigkeit finden konnten, in der wir festsaßen. Schließlich stießen wir auf ein Hilfsmittel, das es uns ermöglichte, mit dem Streiten aufzuhören, und das geschah so:

Eines Tages fuhren wir nach New York hinein und waren aus irgendeinem Grund in eine Meinungsverschiedenheit verwickelt. Das Ganze eskalierte und war wie ein entzündeter Zahn, den du ständig mit der Zunge reizt; wir schienen ihn nicht in Ruhe lassen zu können. Unser Schweigen war geräuschvoll, sehr geräuschvoll. Und jeder von uns war überzeugt davon, dass er aus seinem eigenen Blickwinkel recht hatte und der andere schlicht und einfach unrecht. Beide fühlten wir uns kritisiert und missverstanden. Das war kein gutes Gefühl, aber es schien keine Möglichkeit zu geben, den Konflikt zu lösen.

Schließlich kamen wir auf die Idee, noch einmal von vorn anzufangen. Wir wählten eine Überführung vor uns auf dem Highway aus und sagten:

„Wenn wir unter dieser Überführung durchfahren, ist es vorbei." Das hieß, sobald unser Auto diese Stelle passiert hatte, würden wir uns so verhalten, als hätte dieses unangenehme Gespräch niemals stattgefunden. Wir fuhren weiter. Zuerst erforderte es Disziplin, der Versuchung zu widerstehen, über den Wortwechsel nachzudenken, der gerade vorgefallen war; doch wir richteten unsere Gedanken und Gesprächsthemen auf aktuelle Dinge, beispielsweise auf das, was wir beim Blick aus dem Fenster sehen konnten, und auf unsere Pläne für diesen Tag, anstatt die Vergangenheit wieder aufzuwärmen.

Heute können wir uns nicht mehr daran erinnern, worum es bei unserem Streit ging. Damals schien es so wichtig zu sein, doch heute sind die näheren Einzelheiten in Vergessenheit geraten. Wir wussten, dass auch Hal und Mary den Streit vergessen konnten, wenn sich die Gelegenheit dazu bot; daher schlugen wir ihnen vor, dass sie versuchten, noch einmal von vorn anzufangen. Wir warnten sie davor, dass es eine Herausforderung sein würde, nicht wieder in die früheren Meckereien zu verfallen, doch sie waren ganz aufgeregt und fasziniert von dieser Idee.

An diesem Abend hatten Hal und Mary eine romantische Verabredung. Seit der Zeit vor der Geburt ihres Kindes hatten sie keine wirkliche echte Verabredung mehr gehabt.

Der Zeitpunkt, an dem Hal und Mary noch einmal von vorn anfingen, war die Gelegenheit für einen Neuanfang. Sie ergriffen diese Chance mit beiden Händen, und was daraus folgte, war Intimität. Als jedoch das nächste Mal ein Gefühlsaufruhr zwischen den beiden stattfand oder eine damit vergleichbare Meinungsverschiedenheit über ihr Kind ausbrach, erforderte es Disziplin, der Versuchung zu widerstehen, alte Geschehnisse erneut aufzugreifen. Mit Übung kann die Gewohnheit, zurückzugehen, um an alte Geschehnisse in deinen Gedanken oder Handlungen zu rühren, allmählich verschwinden.

DAS ZUFALLSGESCHENK

– Aus Shyas Sicht erzählt –

Die Nacht war dunkel, wir kannten die Straßen nicht und waren verdammt müde, als wir einmal an Halloween in einen kleinen Fischerort hineinfuhren. Es war der Anfang eines kurzen Urlaubs und ein Abenteuer, das uns ein paar Lektionen lehren sollte – im Besonderen darüber, ein Boot im Schlepptau zu haben, und im Allgemeinen über das Leben.

Ariel und ich hatten unser sechseinhalb Meter langes Boot auf den Anhänger geladen, diesen an unserem „Chevrolet Suburban" befestigt und waren, mit Straßenkarten in der Hand, zu der zwölfstündigen Fahrt nach Harker's Island in North Carolina aufgebrochen. Ich muss zugeben, es war ein wenig erschreckend, drei Tonnen Glasfaser und Motor zu befördern, vor allem wenn wir eine Ampel erreichten oder aus irgendeinem Grund plötzlich anhalten mussten. Unsere Schwungkraft und das Gewicht des Bootes schoben uns weiter vorwärts, selbst nachdem wir auf die Bremsen getreten hatten. Ich hatte mich daran gewöhnt, das vorauszusehen und die Ladung auszugleichen, aber es gab Momente, wo die Schnauze unseres Geländewagens weiter in eine Kreuzung hineinragte, als wir dies gewollt hätten.

Die Fahrt war lang und ermüdend, und als wir schließlich unser Ziel erreichten, hatte schon die Dunkelheit eingesetzt. Wir mussten das von uns gemietete Haus suchen und hatten nur eine vage Vorstellung davon, wie die Umgebung aussah. Ariel erspähte unser Ferienhaus, als wir gerade an seiner Auffahrt vorbeifuhren; daher musste ich eine gute Stelle zum Wenden finden.

Hexen und Feen, Ninja und Piraten, sie alle tauchten aus der Finsternis auf, und daher musste ich besonders auf der Hut sein, um nicht aus Versehen einen der Jugendlichen anzufahren, die überall um uns herumspukten mit der Parole: „Süßes oder Saures!" Etwa da machte ich meinen großen „Fehler", als ich in einen schmalen, von Bäumen gesäumten Weg hineinfuhr und versuchte, rückwärts zu fahren und scharf zu wenden, um in entgegengesetzter Richtung zu fahren.

Wenn man mit einem Anhänger im Schlepptau zurücksetzt, ist es wichtig, dass der Anhänger sich nicht in einem größeren Winkel als 90 Grad dreht. Wenn das passiert, wird die Anhängerkupplung gegen die hintere Stoßstange stoßen, was bei beiden Schaden anrichtet. Unglücklicherweise habe ich genau das getan. Bevor wir wussten, was geschah, verbog sich der Anhänger dort, wo er an unserem Kugelkopf befestigt war. Nun hatte der Anhänger überhaupt keine Bremsen mehr, weil der Aktuator durch den Unfall völlig kaputtgegangen war. (Das ist der Mechanismus, der das hydraulische Bremssystem des Anhängers einschaltet.) Schließlich gelang es mir, ohne irgendein weiteres Missgeschick zu wenden und vorsichtig dorthin zurückzufahren, wo wir uns einquartieren wollten.

Am nächsten Morgen bei Tageslicht stellte ich fest, dass unser Anhänger genauso verdreht war, wie wir befürchtet hatten. Das war die perfekte Gelegenheit, entweder darüber aufgebracht zu sein oder etwas zu unternehmen. Ariel und ich beschlossen, uns den Gefühlsausbruch zu sparen und mit unserem Tagesprogramm weiterzumachen. Sobald wir das Boot ins Wasser gesetzt und im Jachthafen festgemacht hatten, verbrachten wir unseren Urlaubsbeginn damit, eine Reparaturwerkstatt für Anhänger ausfindig zu machen, die den Schaden reparieren konnte.

Das Glück wollte es, dass es nur ein paar Kilometer entfernt eine Firma gab, die gerade darauf spezialisiert war. Das genaue Ersatzteil, das wir brauchten, war jedoch nicht vorrätig; man schlug uns daher vor, es durch ein ähnliches zu ersetzen. Nachdem uns versichert wurde, dass das neue Teil genauso gut wie das alte funktionieren würde (bevor wir es beschädigt hatten), ließen wir unseren Anhänger zurück und gingen zum Fischen.

Als wir ein paar Tage später den Anruf erhielten, dass wir unseren Anhänger abholen konnten, erwartete uns eine ziemliche Überraschung. Auf den ersten Blick sah das Ersatzteil ganz anders aus, schien aber in Ordnung zu sein. Als wir uns jedoch daran machten, es an dem Kugelkopf zu befestigten, waren wir nicht auf das gefasst, was als Nächstes passierte.

Üblicherweise erforderte es einige Geschicklichkeit, unseren Anhänger zu befestigen, etwas Drücken und Ziehen, Schweiß und gelegentlich einen kräftigen Stoß mit einem Schuhabsatz. Nun ein einfaches Hochschieben eines Hebels – und als ich den Anhänger nach unten kurbelte, hörte ich ein wohlklingendes Geräusch, kaschink, als er mühelos einrastete. Das war kaum zu glauben, daher nahm Ariel die Sache in die Hand und machte es noch einmal und … kaschink! Sehr erfreut über diese Wendung der Dinge, bezahlten wir die Reparatur, hängten den Anhänger ein und verließen das Gelände. Und stell dir vor: Jetzt hatten wir Bremsen – hatten wirklich Bremsen! Wenn das Bremspedal heruntergedrückt wurde, funktionierten plötzlich auch die Bremsen bei dem Anhänger. Das war der Moment, in dem wir erkannten, dass unsere ursprüngliche Vorrichtung in Wirklichkeit nie funktioniert hatte. Grinsend freuten Ariel und ich uns auf das nächste Stoppschild und die nächste Ampel. Wir wurden nicht mehr von hinten vorgeschoben, obwohl wir das volle Gewicht des Bootes mit uns führten.

Da dies das erste Mal war, dass Ariel oder ich jemals etwas Großes im Schlepptau hatten, war uns nicht klar, dass es nicht richtig funktionierte, weil wir keinen Vergleich hatten. Wir nahmen an, dass die Schwierigkeiten, die wir erlebten, normal waren und zum Schleppen eines Bootes dazugehörten. Daher lernten wir, dies auszugleichen und das Beste aus dem zu machen, was wir hatten. Dann, durch Zufall oder buchstäblich durch einen Unfall, entdeckten wir, dass Dinge weitaus leichter und besser sein konnten, als wir es uns vorgestellt hatten.

Als wir beide an unsere Arbeit zurückkehrten und damit begannen, Klienten sowohl in persönlichen als auch in geschäftlichen Angelegenheiten zu beraten, lieferte unser Missgeschick mit dem Anhänger eine wertvolle Metapher. Es gibt Dinge, mit denen Menschen sich abfinden, in Beziehungen, bei der Arbeit und zu Hause, weil sie keine Erfahrung haben, keinen Anhaltspunkt dafür, dass es eine andere Möglichkeit gibt. Da die Realität des Einzelnen dadurch bestimmt wird, was er oder sie bereits kennt, sind die Menschen frustriert, aufgebracht und beunruhigt, wenn etwas nicht mit vorgefassten Meinungen zusammenpasst. Die meisten Menschen erkennen nicht, dass das Universum uns mit allem versorgt, was wir in jedem einzelnen Augenblick brauchen, um ein wundervolles Leben zu haben. Wäre der Anhänger nicht kaputtgegangen, hätten wir uns weiterhin damit abgemüht. Ein Boot im Schlepptau zu haben war frustrierend und nervenaufreibend, aber wir wussten nicht, dass es einfacher gehen konnte.

Manchmal sind die größten Geschenke jene Dinge, auf die du zufällig stößt. Wenn das nächste Mal etwas „schiefgeht", dann suche nach dem Geschenk darin. Vielleicht wirst du bloß eine erfreuliche Überraschung erleben.

ARMES KLEINES REH

– Aus Ariels Sicht erzählt –

Meine Freundin Isabelle ist ein lieber und mitfühlender Mensch. Sie hat großes Einfühlungsvermögen in andere, was für sie eine Herausforderung sein kann, weil sie so tief empfindet. Shya und ich haben oft versucht, ihr zu zeigen, dass die Situationen, die sie für schmerzlich hält, nicht unbedingt das Unbehagen bei ihr hervorrufen müssen, das sie oft empfindet. Wir haben sie darauf hingewiesen, dass nicht die Umstände ihre Emotionen verursachen, da sie vollkommen dazu in der Lage ist, Traurigkeit, Angst und Schmerz sämtlich von sich aus zu erzeugen.

Einmal habe ich ihr von der Zeit erzählt, als meine Schwestern, Cathy und Mary, und ich noch Kinder waren, an einem Samstagnachmittag allein zu Hause waren und uns langweilten. Irgendwie kamen wir auf Einbrecher und auf Schreckgespenster wie den schwarzen Mann zu sprechen. Vielleicht kam das daher, dass wir gerade von einer Fahrradtour zurückgekehrt waren, die uns am Haus des „Hinterwäldlers" vorbeigeführt hatte; dieses lag zurückgesetzt von der Straße hinter einem Dickicht aus wilden Brombeerbüschen. Es wurde ihm nachgesagt, dass er kleine Mädchen einfing und ihre

Haare zu Sauerkraut kochte. Nie hatte ich jemand aus seinem baufälligen Haus kommen oder hineingehen sehen, aber ich glaubte die Geschichte aus ganzem Herzen und versäumte nie, mit meinen kleinen Beinen so schnell ich konnte die Pedale zu treten, wenn wir an dem Grundstück vorbeifuhren. Aus welchem Grund auch immer kam es einer von uns in den Sinn, dass wir an jenem Tag allein waren, ohne einen Erwachsenen zu unserem Schutz. Dann kamen wir zu dem Schluss, dass, weil wir auf dem Lande wohnten, wenn jemand versuchte, in das Haus einzubrechen oder uns Schaden zuzufügen, wir schreien könnten und niemand würde uns hören. Auf diesem Thema kauten wir eine Weile herum, bis eine von uns auf die glänzende Idee kam, unsere Theorie zu testen.

Drei junge Mädels können mit Sicherheit großen Radau machen, wenn sie es sich in den Kopf setzen. Und sie machen noch mehr Aufhebens, wenn sie sich in Angstgefühlen verfangen und fürchten – auch wenn sie das selbst herbeigeführt haben. Sobald wir zu schreien anfingen, begann der Hund wie wahnsinnig zu bellen, und wir erschraken uns wie verrückt. Ehe der Nachmittag vorüber war, waren wir überall im Haus herumgerannt und hatten sämtliche Türen und Fenster gesichert und immer wieder neu gesichert. Zu unserem Trost holten wir den Hund nach drinnen und saßen zusammengekauert auf der Couch unter einer Decke.

Als Shya und ich Isabelle von den selbst herbeigeführten Emotionen erzählten, verstand sie das Konzept, aber es war noch ziemlich vage für sie, bis sie eine echte eigene Lebenserfahrung machte.

Eines Abends in der Dämmerung fuhr ich Isabelle zu dem örtlichen Obststand, um ein paar süße reife Pfirsiche zu kaufen. Da Shya und ich auf dem Lande leben, wo es immer noch Bauernhöfe, Wälder und Felder gibt, gibt es auch sehr viel Wild in unserer Region. Es ist nichts Ungewöhnliches, ein Reh an der Seite der Straße zu sehen, das von einem Autofahrer erfasst und getötet worden ist.

Als ich in den Feldweg in der Nähe des bäuerlichen Verkaufsstandes einbog, erblickte Isabelle genau solch ein totes Tier. „Oh, das arme kleine Reh!“, rief sie. „Hoffentlich hat es nicht gelitten. Oh, es ist so traurig!“ Ich konnte sehen, wie sich ihr Gefühlsausbruch aufbaute, als ihre Hand zum Mund fuhr, um die Emotion zurückzuhalten, die durch den Tod dieser armen Kreatur hervorgerufen wurde. Ich schaute sie überrascht an. Ja, es war bedauerlich, dass ein Reh getötet worden war. Flüchtig ging mir der Gedanke durch den Kopf, dass die Person, die es erwischt hatte, wahrscheinlich ebenfalls ziemlich aufgebracht war, wenn ihr Auto eine dicke Beule hatte. Ich dachte, dass Isabelles Reaktion für die Situation übertrieben war, tat aber mein Möglichstes, um ihre Traurigkeit zu respektieren … bis ich mir das Reh genauer ansah.

Ich lachte. Betroffen warf Isabelle mir einen raschen Blick zu, so als wollte sie sagen: *Wie kannst du nur so gefühllos und grausam sein?*

Ich brachte das Auto langsam zum Halten und fuhr an die Seite. „Es tut mir leid, Isabelle. Ich wollte mich nicht über dich lustig machen, aber bitte schau noch einmal hin."

Das arme kleine Reh war tatsächlich ein Felsbrocken von brauner Färbung. Isabelle hatte diese sentimentale Reise in die Traurigkeit und Emotion unternommen, weil sie einen Felsbrocken neben der Straße fälschlicherweise für ein armes kleines Reh gehalten hatte.

Wir kichern noch bis zum heutigen Tag darüber. Wenn sie anfängt, sich über irgendetwas zu erregen und es allmählich dramatisch oder traurig wird oder epische Proportionen annimmt, schauen wir uns nur gegenseitig an und sagen: „Oh, das arme kleine Reh!" Das ist unser Stichwort, um von dem Drama zurückzutreten und die Situation noch einmal mit klareren Augen und einem unsentimentalen Kopf anzuschauen.

Ja, in Isabelles Leben hat es seit damals Ereignisse gegeben, die auf authentische Weise voller Verlust und emotionsgeladen waren, wie beispielsweise der Tod eines Familienangehörigen. Ihre Bewusstheit hat ihr jedoch geholfen zu erkennen, dass sie eine Veranlagung zu Dramatik und Gefühlsaufruhr um ihrer selbst willen hat. Indem sie dies erkannte und sich selbst wegen dieser Gewohnheit nicht schlechtmachte, ist es Isabelle gelungen, diese alltäglichen „Traumata“ loszulassen, so dass ihr Leben keine endlose Berg-und-Tal-Bahn von Hochs und Tiefs mehr ist. Ja, diese „armen kleinen Rehe“ haben nun ganz bestimmt nicht mehr emotionales Gewicht als ein brauner Felsbrocken.

SICH GANZ AUF DAS LEBEN EINLASSEN

Zufriedenheit kommt daher, in diesem gegenwärtigen Augenblick ganz hier zu *sein.* Aber da die meisten von uns nicht entdeckt haben, wie sie Zugang zum Augenblick finden, bleibt wahre Zufriedenheit schwer fassbar. Was wäre, wenn der einfache Akt, dich ganz auf dein Leben einzulassen, es von einer gewöhnlichen Existenz in eine dich zutiefst befriedigende verwandeln könnte? Was wäre, wenn dieser Akt ausreicht, um dein Potential ans Licht zu bringen und zu ermöglichen, dass dein Leben wahrhaft erfüllend wird?

Schließe dich uns an, wenn wir erforschen, wie du dich ganz auf das Leben einlässt – nicht nur, indem du dich selbst auf Touren bringst, sondern auch, wenn nötig, indem du langsamer machst.

DAS PANAROMAFENSTER DEINES LEBENS

– Aus Shyas Sicht erzählt –

Ich baumelte mit den Beinen über der Bettkante und verzog das Gesicht wegen dem pochenden Schmerz in meinem rechten Knie. Es war erst zwei Tage her, dass ich mich einer arthroskopischen Knieoperation unterzogen hatte, um einen Knorpelriss zu beheben; das Knie war immer noch geschwollen und wund, und ich war benebelt von den Schmerzmitteln. Doch ich war dazu entschlossen, mich in die Küche zu begeben, wo ich Ariel das Essen zubereiten hörte.

Langsam humpelte ich den Flur entlang und in die Küche – und da war sie und schnitt Karotten für ihre hausgemachte Hühnersuppe klein. Als ich um die Ecke bog, sah ich das Orangerot der Karotten, das Aufblitzen des Messers und Ariel, die den Kopf hob und deren Gesicht aufleuchtete, als sie mich erblickte. Ihre Hände auf beiden Seiten meines Gesichts; ein rascher zärtlicher Kuss; und sie verschwand, nur um wenige Augenblicke später mit einem Stuhl zurückzukehren, damit ich neben ihr sitzen konnte, während sie arbeitete.

Normalerweise war ich daran gewöhnt, sehr aktiv zu sein; mein Bein hatte mich flachgelegt und ich wurde durch die Umstände in eine Ruhigstellung gedrängt. Etwas abgehoben, aber darauf brennend, mehr zu tun, sagte ich: „Es macht dir nichts aus, wenn ich einfach hier sitze, oder?" Ich kannte die Antwort. Schließlich hatte sie mir ja gerade den Stuhl gebracht, aber ich musste sie fragen.

„Rede keinen Unsinn!", entgegnete sie. „Ich liebe deine Gesellschaft."

Und so saß ich da. Ich bewunderte die Vielzahl subtiler Farbtöne auf unserem Schieferboden, die Pracht unserer Schränke aus Kirsch- und Walnussholz und meine Frau, die uns fröhlich eine Mahlzeit zubereitete, zufrieden mit meiner stummen Präsenz. Dann wanderte meine Aufmerksamkeit zu dem großen Panoramafenster über dem Spülbecken mit Ausblick auf den Garten hinter dem Haus. Von dort kann man die zwei Hortensiensträucher zu beiden Seiten unserer Wiese sehen, niedergebeugt vom Gewicht großer Blüten, die im Herbst so trocken wie Papier werden und im Winter schneebeladen sind. Ariel schoss einmal ein Foto von einem leuchtend roten Kardinalvogel, als er darin saß – ein karmesinroter Farbklecks inmitten der mit einer weißen Schneehaube versehenen Blüten. Der Kontrast war so beeindruckend, dass wir Grußkarten für Weihnachten und Neujahr mit diesem Foto angefertigt haben.

Hinter der Wiese sind Wälder mit Eichen-, Ahorn- und Buchenbäumen. Die Blätter begannen sich gerade zu färben, bisher größtenteils gelb und braun, noch nicht so viel rot. Auch die Farne am Waldrand färbten sich gelb, waren aber hauptsächlich noch grün. Gerade jenseits von unserer Terrasse befindet sich ein großes frei stehendes Vogelfutterhaus. Als Ariel und ich es kauften, lebten wir noch in Woodstock im Staate New York. Als wir es heimbrachten, hatten die Vögel Angst davor. Wir lachten darüber, weil wir einiges investiert hatten und kaum jemals irgendwelche Abnehmer für das Futter anlockten. Zu dieser Zeit war es unser „Rasenschmuck".

Doch jetzt, wo wir in New Jersey leben, lieben die Vögel dieses Futterhaus aus unerfindlichen Gründen. Das tun aber wiederum auch die Bären. Ich war dazu gezwungen, es bei drei verschiedenen Gelegenheiten wieder neu aufzubauen, weil es von hiesigen Schwarzbären niedergerissen worden war, und ich glaube nicht, dass es eine vierte Attacke überstehen könnte. Nun haben wir einen kleinen Elektrozaun, der rundherum verläuft, wie wir hoffen gerade ausreichend, um zur Abschreckung zu dienen. Seitdem ich den Zaun installiert habe, gab es keine neuen Überfälle auf das Futterhaus mehr.

Während ich auf meinem Stuhl saß, stammte das meiste von diesem Ausblick aus meiner Erinnerung. Dort wo ich saß, in einiger Entfernung vom Fenster selbst, hatte ich nur eine eingeschränkte Aussicht. Von dort aus konnte ich die Wiesen nicht sehen und auch keinen Blick erhaschen von den Hortensiensträuchern, dem Terrassengeländer, dem Vogelfutterplatz und dem ihn umgebenden Zaun. Die Baumkronen waren ebenso abgeschnitten wie der untere Teil der Stämme und die Farne, die sie umgaben.

So ist es, wenn du dich zurückziehst und dich aus deinem Leben ausklinkst. Natürlich war es in meiner, mir durch die Umstände auferlegten, meditativen Haltung ganz passend für mich, Distanz zu haben, doch es löste einen Gedankengang über die Menschen aus, die wir coachen. Es gibt viele Dinge, die Menschen erschreckt zurücltaumeln lassen, so dass sie sich nicht mehr dicht an das Panoramafenster des Lebens stellen – Enttäuschung, Verlust und Unschlüssigkeit. Tatsächlich treten Menschen, wenn sie eine Entscheidung im Leben treffen, oft zurück, klinken sich aus und denken darüber nach, was zu tun ist. Doch aus dieser Position gibt es keine Baumkronen, keine Bodenfläche, und die Möglichkeiten dessen, was erreichbar ist, entziehen sich dem Blick.

Ich erinnerte mich an Steven, einen jungen Mann, der unsere Seminare besuchte. Er schien sehr aufgeweckt zu sein, aber es mangelte ihm an Zielgerichtetheit, Fokus und Motivation. Seit einiger Zeit war er arbeitslos und seine Frau sorgte für beide, während er sich zurückzog und darüber grübelte, was er mit seinem Leben anfangen sollte. Aber wo auch immer er hinschaute, alles, jede Art von Arbeit hielt er für unter seiner Würde. Ich schlug ihm vor, dass er damit aufhören sollte, sich Gedanken zu machen über den „richtigen" Job oder einen mit „Prestige", und dass er einfach irgendeinen Job annehmen sollte – selbst wenn er Pommes frites bei MacDonald's zubereitete. (Immerhin stammte er aus Frankreich. – Anm. d. Übs.: In Amerika heißen Pommes frites *French fries* = „französische Fritten.) Ich empfahl ihm auch, so an seine Arbeit heranzugehen, als wäre sie wichtig. „Mach alles exzellent!", ermutigte ich ihn.

In der nächsten Woche fand Steven tatsächlich einen Job beim örtlichen MacDonald's. Sehr rasch wurde er zum Schnellsten und Besten, der jemals Pommes frites für den Hochbetrieb in der Mittagszeit frittiert hatte, und man bot ihm an, ihn zum Geschäftsführer zu machen. Zu dieser Zeit hatte Steven noch eine zweite Stelle bei der Buchhandlung Barnes & Noble angenommen. Auch diesen

Job ging er exzellent an, und bald wurde ihm dort ebenfalls eine Ganztagsstelle als Abteilungsleiter angeboten. Nun kam Steven auf Touren und bewegte sich näher an das Panoramafenster seines Lebens heran.

Steven nahm die Ganztagsstelle in leitender Position in der Buchhandlung an. Ehe er sich versah, war sein Leben keine lethargische Geistesübung mehr im Stile von *Was will ich mit meinem Leben anfangen?*. Es wurde zu einem Spiel, zu schauen und zu erkennen, was sonst noch möglich war. Mit der Unterstützung seiner Frau entschied sich Steven dafür, wieder zu studieren. Er schrieb sich am örtlichen College ein; die Leute im Buchladen schätzten ihn als Mensch und als Angestellten, weshalb sie seinen Arbeitsplan um seine Vorlesungen herum arrangierten. Semester um Semester schnitt Steven mit glatten Einsen ab, während er Vorlesungen in höherer Mathematik und Molekularbiologie belegte. Er kam regelmäßig zu unseren wöchentlichen Abendseminaren und berichtete aufgeregt von den Laborversuchen des Tages.

Wir haben Steven einige Jahr nicht gesehen, aber wie ich hörte, hat er promoviert und ist Leiter eines Forschungslabors an einer angesehenen Universität geworden. Hier haben wir einen Menschen, der sein Leben in den Griff bekam, als er sich voll und ganz darauf einließ. Er drückte seine Nase fest gegen das Panoramafenster und hielt sich an das, was er sah, anstatt sich Gedanken darüber zu machen, das „Richtige“ oder das „Bessere“ zu tun.

Ich lenkte meine Aufmerksamkeit auf die Küche zurück und stellte fest, dass ich lange genug dort gesessen hatte. Es war Zeit, wieder ein Nickerchen zu machen. Ich hievte mich von meinem Stuhl hoch, küsste meine Frau, naschte ein Stück Karotte und kehrte in mein Bett zurück. Aber zuvor beugte ich mich dicht an das Fenster heran und schaute weit und breit umher.

LANGSAMER MACHEN

– Aus Ariels Sicht erzählt –

Es war ein kalter sonniger Tag in New Jersey, und die ersten dünnen Eisschichten bildeten sich auf unserem Teich. Wir hatten vor, an diesem Tag zum Pilates-Training zu gehen, unserer privaten Übungsstunde mit einem Trainer, aber vorher wollten wir gern noch etwas Cardio-Ausdauertraining machen. Wenn das Wetter es erlaubte, machten wir gewöhnlich vor unserer Unterrichtsstunde einen Spaziergang durch die Stadt.

Obwohl die Sonne schien, gefiel uns die Kälte nicht, und daher entschieden wir uns für ein anstrengenderes halbstündiges Training auf unserem Laufband und an unseren elliptischen Maschinen. Dabei spielte sich Folgendes ab:

Zuerst stellte ich fest, dass ich ständig auf die Uhr sah: Uhh-Oh, und mich bemühte, es hinter mich zu bringen … Du weißt schon … Das, wogegen du dich wehrst, bleibt bestehen und dauert *lännngger.* Ich erwähnte Shya gegenüber, dass ich ständig auf die Uhr sah, und wir begannen zu plaudern, was unsere Gedanken von der Zeit weglenkte. Während wir weitermachten, scherzten und schwitzten, wurde mir allmählich klar, dass mich seit dem Vortag etwas beunruhigt hatte. In den letzten paar Tagen hatte ich etliche Fehler gemacht. Keine großen, bloß ein Warnsignal, dass etwas in mir nicht ganz so im Lot war, wie ich es gerne gewollt hätte. Ich agierte nicht aus meiner eigenen persönlichen Mitte heraus.

Ich erwähnte es Shya gegenüber und berichtete ihm die kleinen Details, die meine Gedanken quälten. Folgendes hatte er dazu zu sagen: „Ariel, mach langsamer. Nur ein bisschen. Du versuchst, zu viel, zu schnell zu machen."

Das war's also. Wir beendeten unser häusliches Fitnessprogramm und fuhren dann zum Workout mit unserem Trainer. Die Unterrichtsstunde machte Spaß. Ich bemühte mich nicht, sie hinter mich zu bringen. Ich übte nach besten Kräften und wir scherzten mit dem Trainer (und schwitzten weiter).

Auf dem Heimweg spürte ich meinen Körper, der sich zurück gegen den Sitz lehnte. Ich ließ mir Zeit, aus dem Fenster zu schauen. Ich beobachtete die Lastwagen und Autos auf den Fahrbahnen neben uns. Und dann, als wir unsere Ausfahrt herunter von der Route 78 nahmen, starrte ich aus meinem Fenster und erblickte ein majestätisches Geschöpf, das am Rande der nahe gelegenen Anliegerstraße entlangspazierte. Es war ein männlicher Fasan mit farbigem Halsstreifen, ein stattlicher Vogel etwa von der Größe eines Truthahns.

„Oh, Shya, ein wunderschöner Fasan! Fahr nicht heim – biege nach rechts ab. Du musst ihn sehen!"

Shya fuhr nach rechts und brachte das Auto in der Nähe des schönsten Fasans zum Halten, den ich jemals gesehen hatte. Er trug lange Schwanzfedern zur Schau. Sein Kopf, sein Hals und seine Brust schillerten türkis, grün und kobaltblau, mit leuchtend scharlachroten Sprenkeln um seine Augen. Ich ließ mein Fenster herunter, und wir saßen da und schauten ihn an und er schaute uns an. Dann ließ er sich Zeit, um in das nahe gelegene Feld zu spazieren.

Shya und ich streckten gleichzeitig die Hand aus und fassten uns bei den Händen. Manchmal sind einfache Dinge, kleine Momente derart tiefgründig. Es war so, als hätte dieser Vogel uns ein Geschenk gemacht, indem er uns erlaubte, unsere Herzen mit seinem Erscheinungsbild und mit der Essenz seines Wesens zu füllen. Er hastete nicht davon, um irgendetwas zu erledigen. Er schien zu sagen: „Macht euch keine Sorgen. Es ist nicht nötig, sich zu beeilen. Alles, was ihr heute tun müsst, könnt ihr schaffen, und ihr könnt es mit Eleganz und Anmut tun."

Dir Zeit zu nehmen und da zu sein, wo du bist, ist mit Sicherheit ein Segen. Du wirst dann nicht nur Zeuge des Lebens und erfreust dich an ihm in all seiner Pracht, sondern seltsamerweise bekommst du auch mehr erledigt.

An jenem Tag wurde ich wieder einmal an etwas Wichtiges erinnert: Manchmal musst du angespornt werden, um dich voll und ganz für etwas einzusetzen, und zu anderen Zeiten musst du langsamer machen.

KOMMUNIKATION

Kommunikation, der Akt, Informationen weiterzugeben oder auszutauschen, ist im besten Falle eine Form von Kunst. In den beiden folgenden Geschichten liefern wir zwei humorvolle Beispiele für Missverständnisse, die zwischen Menschen auftreten können, selbst wenn du ganz bestimmt dein Möglichstes versuchst, um dich auszudrücken. Wenn du einen Sinn für Humor über die Art und Weise hast, wie du kommunizierst, wirst du weitaus leichter erkennen können, wie du falsch kommunizierst. Wenn du dich selbst nicht für das verurteilst, was du tust, wirst du in der Lage sein, diejenigen Dinge zu ermitteln und verschwinden zu lassen, die Ergebnisse hervorbringen, die du nicht willst, brauchst oder schätzt.

DIE TOPLESS-BAR

Vor mehreren Jahren waren wir in Quepos, Costa Rica, wo Marcella uns von ihrem neuen Geschäft erzählte. Sie arbeitet in einer Angelsportfirma (bei der man Boote chartern kann), wo wir seit Jahren Kunden waren. Marcella ist eine temperamentvolle Latino-Frau mit gewelltem Haar und einem fröhlichen Wesen. Hin und wieder kamen wir gern in ihr Büro, saßen dort in der kühlen Luft der Klimaanlage und hörten Geschichten darüber, was die Flotte der Angelsportboote in den letzten Tagen gefangen und wieder freigelassen hatte.

An einem dieser Tage sagte sie zu uns: „Ihr müsst mich an einem Abend in meinem neuen Geschäft besuchen kommen! Mein Freund und ich haben eine neue Topless-Bar (*Topless-Bar* bedeutet ins Deutsche übersetzt wörtlich „Oben-ohne-Bar" – Anm. d. Übs.) aufgemacht. Sie liegt den Berg hoch in Manuel Antonio."

Sie sah so stolz aus. Wir waren überrascht.

„Wissen deine Arbeitgeber hier, dass du eine Topless-Bar betreibst?"

„Oh ja, natürlich!", rief sie aus. „Maria und Patricio sind zwei unserer besten Kunden."

Wir blickten einander an. Wie konnte das möglich sein? Wir wussten, dass die Besitzer der Fischerei Italiener waren, und vielleicht waren sie ja liberaler, als wir glaubten. Bei ihr hörte sich eine Topless-Bar ganz normal an, so als würde man zu MacDonald's oder Applebee's gehen.

Bemüht, unsere Augen nicht auf ihre Brüste zu richten, während wir uns die Szene vorstellten, fragte einer von uns taktvoll: „Arbeitest du auch in der Bar?"

„Oh ja, natürlich. Hauptsächlich an Wochenenden, aber auch an Abenden während der Woche. Das Geschäft läuft immer besser. Ihr könnt unser Restaurant auf der rechten Seite sehen, direkt nachdem ihr am Restaurant .Barba Roja' vorbeigefahren seid, Achtet darauf und kommt herein. Ich spendiere euch einen Drink. Wir haben alle möglichen, für Costa Rica typischen Fingerfoods. Es wird euch gefallen. Ihr könnt auch eure Gruppen mitbringen."

Die Vorstellung fiel uns schwer, die Teilnehmer an einem unserer zehntägigen Transformationskurse in eine Topless-Bar mitzunehmen, aber wir versuchten unser Möglichstes, freundlich zu bleiben.

An jenem Tag verließen wir das Büro der Fischerei erstaunt darüber, dass es in der Nähe des kleinen Fischerdorfes eine Topless-Bar gab. Wir waren seit

Jahren dorthin gekommen, und obwohl es viele Orte gab, wo man etwas trinken konnte, Sportbars und Esslokale, hatten wir niemals von etwas Derartigem gehört oder es gesehen.

Als wir mit dem Taxi den Berg hoch zu unserem Hotel fuhren, suchten wir den Straßenrand genau nach irgendeinem Hinweisschild von Marcellas neuer Topless-Bar ab, doch wir konnten rein gar nichts entdecken. Mehrere Fahrten auf dieser Straße nach oben und unten enthüllten den Standort nicht, obwohl sie behauptet hatte, dass er leicht zu finden sei.

In der folgenden Woche gingen wir in das Büro der Fischerei, um die letzten Neuigkeiten zu hören, und saßen Marcella wieder gegenüber. Das Gespräch nahm eine unerwartete Wendung.

„In der letzten Woche habe ich euch in meinem Restaurant erwartet", sagte sie.

„Ja, auch wir haben nach dem Schild gesucht, haben es aber nicht gesehen."

„Ich habe gehofft, ihr würdet hereinkommen, um ein paar Tapas zu essen."

„Tapas? Was sind Tapas?"

Marcella sah verwirrt aus. „Tapas“, sagte sie, „wisst ihr, Tapas-Bar oder Fingerfood-Bar. Speisen, die ihr mit euren Fingern esst. Das servieren wir. Tapas ist das costa-ricanische Wort für Fingerfood. Das ist auch der Grund, weshalb wir es eine Tapas-Bar nennen.“

Wir brachen in Gelächter aus und erklärten den Scherz. Sie hatte *Tapas* gesagt, was wir als *Topless* verstanden hatten, weil wir dieses Wort vorher noch nicht gehört hatten. Unsere geistigen Computer hatten einfach das eingesetzt, was sie als annehmbare Entsprechung kannten. Als wir sie nach ihrer Topless-Bar gefragt hatten, lag dieses Wort so außerhalb ihrer Realität, dass sie das einsetzte, was sie zu hören erwartete, nämlich „Tapas“.

Als wir an jenem Tag weggingen, hielten wir es für einen guten Scherz und ein ausgezeichnetes Beispiel dafür, wie wir nur das kennen, was wir wissen, und wie alles, was außerhalb unserer Realität liegt, nicht einmal existiert. Es zeigte uns auch, wie drei Menschen, die ehrlich bemüht waren, miteinander zu kommunizieren, so gründlich missverstehen konnten, was gesagt wurde.

EIN KLEINES BISSCHEN EXTRA

Hast du dich jemals gefragt, wie ein offensichtlich neutraler Kommentar eine überraschend unempfängliche Reaktion auslösen kann? Hast du erlebt, wie ähnliche Situationen unter verschiedenen Umständen entstehen können und wie das, was du eigentlich sagen wolltest, eine Reaktion hervorruft, die du nicht erwartet hast?

Was ist, wenn du in guter Absicht handelst? Was ist, wenn du tatsächlich deutlich kommunizierst, aber, ohne dein Wissen, ein kleines bisschen extra hinzufügst?

Das Leben ist mit Sicherheit interessant, insofern als es dir Antworten gibt, wenn du darauf achtgibst. Wir waren überrascht, die Antworten auf einige Fragen unserer Klienten über ihre Beziehungen zu entdeckten, als wir ein neues Auto leasten. Hier ist Shyas Bericht über das, was passierte:

Als wir unseren „Chevrolet Suburban“ leasten, hatte dieser viele Annehmlichkeiten, wie eine Klimaanlage, beheizte Sitze, automatische Fenster und Sicherheitsverriegelungen. Es war Ende Juni, als wir das Fahrzeug in Besitz nahmen, und die Winterwärmeausstattung war noch nicht nötig, aber ich freute mich schon darauf, mich an einem bitterkalten Morgen auf einem angenehm warmen Sitz niederlassen zu können.

Bei bloßer Berührung eines Knopfes glitten die Fenster nach unten. Mit einem anderen Knopf bekamen die Sitze ein Gedächtnis, so dass ich ihnen eine Voreinstellung geben konnte. Mit einem leichten Antippen eines weiteren Knopfes stellten sich die Spiegel so ein, wie jeder von uns beiden es haben wollte. Auch das Gas- und das Bremspedal warn regulierbar, so dass Ariel, deren Beine kürzer als meine sind, sich nicht an das Armaturenbrett pressen musste, um sie zu erreichen.

Die Sommertage waren warm während der „Einarbeitungsszeit", als wir das Auto kennenlernten. Plötzlich und unerklärlich wurden meine Beine warm und mein Rücken klebte nassgeschwitzt am Sitz. Es war so, als hätte sich die Sonne in einem Ausbruch von strahlender Hitze heimlich hinter mir eingeschmuggelt. Selbst wenn kühle Luft über mir blies, hatte ich ein heißes Hinterteil, so dass ich rasch nach der Ursache dafür suchte. Die Unannehmlichkeit ließ sich auf mich selbst zurückführen. Das kleine bisschen extra, das ich gemacht hatte, während ich das Fenster herunterließ, hatte augenblickliche und deutlich spürbare Folgen.

Es stellte sich heraus, dass sich der Heizknopf für den Fahrersitz an der Tür neben dem Fensterknopf und den Sicherheitsverriegelungen befand, eingezwängt dicht bei den Knöpfen, die den Spiegel einstellten. Zu meinem Kummer entdeckte ich, dass es nur allzu leicht war, versehentlich mit einer leichten Bewegung des kleinen Fingers an den Schalter der Sitzheizung zu stoßen, wenn ich das Fenster herunterließ. Ehe ich wusste, was geschah, kam ich dann auf meinem Sitz vor Hitze schier um. Da die Heizvorrichtung selbst so leistungsfähig ist, dauert es einige Zeit, bis sie sich abkühlt.

Ich musste jedes Mal kichern, wenn ich auf dem „heißen Stuhl" saß. Es war etwas peinlich zu wissen, dass ich mein eigenes Unbehagen selbst verursacht hatte, aber als ich die Situation aus einem anthropologischen Blickwinkel betrachtete, lernte ich etwas. Mit anderen Worten, ich be- oder verurteilte mich selbst nicht dafür, dass ich den Sitz angestellt hatte, ich interessierte mich lediglich für das Phänomen.

Folgendes habe ich dabei herausgefunden: Ich erkannte, dass ich nicht unrichtig „kommunizierte". Die Türknöpfe legten meine Absicht nicht falsch aus. Jedes Mal, wenn ich meine Bewegung machte, gelang es mir, das Fenster sich heben oder senken zu lassen. Es war leicht erkennbar, dass ich der Bewegung einfach ein bisschen extra hinzufügte. Mit der

Bewusstheit, dass ich eine Reaktion von dem Auto in Gang setzen konnte, die ich nicht wollte, konnte ich meine Handlungsweise so darauf einstellen, dass es nicht warm wurde.

Wirf einen Blick auf beleuchtete Ausgangsschilder. Sie glühen rot in der Dunkelheit, um den Weg aus Kinos und anderen Gebäuden hell zu beleuchten. In Wirklichkeit ist das Licht jedoch weiß und der Filter, durch den das Licht fällt, lässt es rot erscheinen. Den Leuten ist oft nicht klar, dass ihre Kommunikationsformen durch ihre Erfahrungen und Vorurteile gefiltert werden; scheinbar einfache Bemerkungen können einen anderen in Rage versetzen.

Heute stoße ich nur noch selten an den Knopf für die Sitzheizung, wenn ich das Fenster herunterlasse. Ich habe die Eigenheiten meines Autos kennengelernt. Aber wenn ich versehentlich dieses kleine bisschen extra hinzufüge, lächele ich immer noch, wenn ich feststelle, dass es, wenn ich auf mein Auto wütend bin oder mich über mich selbst ärgere, nichts an der Tatsache ändern wird, dass ich in diesem Moment unbeabsichtigt eine Situation herbeigeführt habe, die ich nicht mag.

Wenn Menschen erkennen können, dass viel von den Schwierigkeiten in ihrer Beziehungsfähigkeit dadurch verursacht wird, dass sie ihrer Kommunikation ein bisschen extra hinzufügen, und wenn sie sich nicht be- oder verurteilen für das, was sie sehen, dann brauchen sie sich nicht weiterhin auf den heißen Stuhl zu setzen.

HIER SEIN

Unser Freund Harry begleitete eine Freundin an einem Sonntag in den Eingangsraum einer Bank, da sie mit ihrer Bankkarte etwas Bargeld abheben wollte. Als er dort stand und darauf wartete, dass sie ihr Geldgeschäft abwickelte, war er in einem Wust von Gedanken über seinen Tag versunken – was er tun sollte, wie er sich verhalten sollte, wie er Dinge „richtig" machen sollte. Plötzlich stellte er fest, dass er nicht dort stand, wo er war. Er hatte jegliches Gefühl für seine Umgebung verloren.

Er stellte das innere Gespräch ein und blickte umher, sah die Wände und die Maserungen, die Sonne, die durch die Fenster hereinfiel, und die Bäume draußen, die vom Wind gepeitscht wurden. Dann bemerkte er einen alten Mann, der mit ihm in jenem kleinen Foyer stand. Der Mann war schon die ganze Zeit über dort gewesen, aber Harry war von seinen Gedanken derart in Anspruch genommen worden, dass es ihm so vorkam, als wäre dieser Herr plötzlich aus dem Nichts aufgetaucht. Harry lächelte ihn an und stellte fest, dass der ältere Mann desorientiert oder verwirrt aussah.

„Brauchen Sie Hilfe, Sir?“, fragte Harry.

„Ja, die Bank. Dies ist eine Bank. Ist sie geöffnet?“

Als Harry die Ursache für die Verwirrung des Mannes erkannte, entgegnete er: „Ja, das ist eine Bank. Aber heute ist Sonntag. Heute ist die Bank geschlossen.“

„Ah, sie ist geschlossen. Heute ist Sonntag. Das habe ich vergessen.“ Erleichterung breitete sich auf dem Gesicht des alten Mannes aus, als er sich umdrehte und hinaus ins Freie ging.

Harry erzählte uns, dies sei einer der tiefgründigsten Momente seines Lebens gewesen, ein Moment der Erleuchtung. Augenblicklich erkannte er, dass die Begebenheit mit diesem Mann etwas war, das er nie mehr vergessen würde. Zuerst fand er dies verwirrend, weil es so einfach war. Nichts Großes. Nicht wie die Geburt seines Kindes oder andere höchst bedeutsame Ereignisse seines Lebens. Und dann wurde Harry sich klar über den Unterschied.

Es ging nicht darum, dass er jemandem geholfen hatte. Harry hilft regelmäßig den Kunden in seinem Bistro und er ist zu Freunden wie zu Fremden gleichermaßen freundlich. Das gehört zu seiner Wesensart. Harry erkannte, dass das, was diesen Augenblick so kostbar machte, einfach daher kam, dass er da war, *wirklich da.*

Du brauchst nicht irgendwo anders anzukommen, damit dein Leben zutiefst befriedigend wird. Es verlangt einfach nur, *hier zu sein.* Der nächste Abschnitt demonstriert, dass es in Alltagssituationen magische Lektionen gibt, die darauf warten, in jedem Augenblick entdeckt zu werden – selbst wenn du ganz alltägliche Dinge tust.

MARY UND INSPIRATION

In einem Herbst in den späten Achtzigerjahren befanden wir uns im *New York Pathway Center,* einem Retreatzentrum, das geborgen in den Catskill Mountains lag. Es gab dort Bungalows zum Übernachten für die Teilnehmer, einen Seminarraum und den Speisesaal, wo vegetarisches Essen serviert wurde; es war eine Art ganzheitliches Ferienlager für große Kinder. Unser Seminarraum, eine ehemalige Scheune, verfügte über Gewölbedecken, Glasschiebetüren und viel Licht. Wir saßen auf großen Kissen, die im Raum verstreut lagen, auf dem Boden.

An dem Wochenende, an dem wir Mary kennenlernten, veranstalteten wir die Kurse „Die Freiheit zu atmen“ und „Die Kunst, ein Heiler zu sein“. Diese beiden Kurse bieten wir oft gemeinsam an, da sie so gut zueinanderpassen.

Der erste Tag wurde darauf verwendet, sich unter Nutzung einer Atemtechnik in den Augenblick hineinfallen zu lassen. Das ist ein spirituelles Abenteuer mit einem Partner. Die eine Hälfte des Tages bist du mit der Technik beschäftigt, und die andere Hälfte bist du einfach da zur Unterstützung für deinen Freund. Es ist erstaunlich, wie aufbauend es sein kann, die Aufmerksamkeit eines anderen Menschen aus keinem anderem Grund als der Tatsache zu bekommen, dass du atmest. Im Allgemeinen entdecken die Leute wieder, dass nicht das, was sie tun, von Bedeutung ist, sondern vielmehr, wer sie sind, und dass es darauf ankommt, einfach da zu sein. Von beiden Positionen aus erfährst du Geben und Empfangen und kostest vom Geschmack der mystischen Natur des Lebens selbst.

Der zweite Tag war „Die Kunst, ein Heiler zu sein". Dieser Kurs ist aufbauend, besonders nachdem du einen ganzen Tag damit verbracht hast, dich selbst von innen mit deinem Atem zu massieren. Schon früh erkannten wir, dass eine tiefgehende Heilung stattfinden konnte, wenn jemand in den Augenblick gelangen und seine Aufmerksamkeit auf das richten konnte, was in seinem Körper geschah, und bereit dazu war, die Geschichte darüber loszulassen, warum die Gefühle dort überhaupt waren. Wir entwickelten diesen Kurs auch, weil wir uns klarmachten, dass die Menschen etwas ändern möchten und dass du, wenn du präsent bist, ungeachtet dessen, was du im Leben tust, zu einer heilenden Präsenz in deinem eigenen Leben und im Leben anderer wirst. Regelmäßig nehmen Leute aus allen Berufen und Gesellschaftsschichten an diesen beiden Kursen teil. Von diesem Wochenende gehen die Menschen belebt und inspiriert nach Hause. Wir haben sagen hören, dass es erfrischender als eine Woche Urlaub ist. Aber wir hatten keine Ahnung von der Inspiration, die eine Teilnehmerin, Mary, an diesem besagten Wochenende finden würde. Wir hätten die Heilung nicht vermuten können, wonach sie und ihre Tochter Christine, die gemeinsam mit ihr dort war, suchten.

Wir alle kamen an einem Freitagnachmittag im Oktober dort an, und der Tag war sonnig und überraschend frisch. Die Sonne stand schon tiefer am Horizont, da der Herbst auf dem Vormarsch war, und das bedeutete, dass sich direktes Sonnenlicht nur ungefähr von morgens halb zehn bis nachmittags um vier im Tal zeigte. Eine wogende Menge riesiger Ahornbäume durchzog den Berghang mit karmesinroten Streifen. Die Bäume in der Nähe der Scheune hingen voller roter Äpfel, und Rehe streiften gemächlich vorbei, knabberten am Fallobst und zupften die reifen Früchte von den unteren Ästen ab. Es gab einen kleinen Bach auf dem Grundstück, der ein vollkommener Ort für einen ruhigen Spaziergang oder eine friedliche Naturbetrachtung war. Das Wasser glitzerte und war voller Goldmedaillons, als es in Strudeln mit treibenden Blättern stromabwärts floss.

Wir alle kamen in der nahe gelegenen Stadt Phoenicia mit dem Bus oder mit dem Auto am frühen Nachmittag an und hatten genügend Zeit, um das

Anwesen zu erreichen, uns anzumelden und uns auf den Weg zu der Scheune zu machen, ehe die Sonne hinter den hügeligen Bergen verschwand. Die meisten Teilnehmer kannten wir von früheren Wochenenden oder Abendgruppen in New York, aber es gab auch einige Leute, denen wir zum ersten Mal begegneten – darunter Mary und ihre Tochter Christine.

Mary, bequem gekleidet in Baumwolljeans und einem Flanellhemd über einem T-Shirt, war eine schlanke Frau Ende vierzig mit von grauen Strähnen durchzogenem feinem kastanienbraunem Haar, das zu einem Pferdeschwanz zusammengebunden war. Christine hatte ein etwas rundliches Gesicht, glattes, schulterlanges hellbraunes Haar und in ihrem rechten Nasenloch etwas, das wie ein kleiner Diamantstecker aussah. Obwohl Nasenpiercing in den späten Achtzigerjahren nicht unbekannt war, so war es doch selten und wirkte zusammen mit Christines gesprenkelten Sommersprossen und ihren hellen grünen Augen etwas fehl am Platz.

An jenem Nachmittag setzten wir uns in einen lockeren Kreis und begannen, uns miteinander bekannt zu machen. Die Leute teilten sich gegenseitig mit, was sie zu dem Seminar führte, wo sie lebten und was sie für sich von der Teilnahme an diesem Wochenende erhofften. Es war eine bedeutungsvolle und sehr wichtige Zeit, wo jeder – bildlich gesprochen – seinen Hut in den Ring warf und sagte: „Hier bin ich. Das bin ich. Ich bin dabei."

Natürlich bleibt es jedem Einzelnen überlassen, wie viel er enthüllt. Es war nur plausibel, dass Leute, die uns schon länger kannten, sich im Allgemeinen wohler bei diesem Prozess fühlten und dazu neigten, sich verbal etwas mehr zu äußern, wenn sie sich vorstellten.

Als wir uns hinsetzten, saßen Mary und Christine uns direkt gegenüber, und obwohl sie noch viel zu uns persönlich oder laut zu der Gruppe zu sagen hatten, sprach ihre Körpersprache Bände: zwei gegensätzliche Magnete, die sich abstießen und gleichzeitig doch voneinander angezogen wurden. Die Luft schien vor Spannung und Geschichte und einem tiefen Bedürfnis zwischen ihnen zu flimmern. Während wir im Kreis herumgingen und die Leute sich nacheinander bekannt machten, konnte man sehen, wie sich Mutter und Tochter in sich selbst und gegenseitig miteinander entspannten – zwei unterernährte Wesen, die sich dem Licht zuwandten.

„Ich bin Amy", sagte die lebhafte junge Frau neben Mary. „Ich würde zu jedem Wochenende kommen, das die Kanes anbieten, aber dieses Wochenende lieben mein Mann und ich ganz besonders. Es ist eine gute Pause von der Wall Street und davon, Leuten beizubringen, wie sie Computer programmieren. Die Erholung kann ich gebrauchen!" Einige kicherten und nickten zustimmend. „Ich habe mich seit Wochen auf dieses Wochenende gefreut und bin wirklich glücklich, hier zu sein."

Sie wandte sich mit einer lächelnden Aufforderung zu Mary. Mary holte tief Luft, sah sich um und sagte mit ruhiger Stimme: „Ich bin hier, um etwas Zeit mit meiner Tochter Christine zu verbringen und um hier zu sein und zu atmen und ich selbst zu sein. Ich hoffe, das genügt."

„Du selbst zu sein genügt uns", entgegneten wir. „Hoffentlich wirst du entdecken, dass es mehr als genug für dich ist."

„Wie hast du von diesem Wochenende erfahren?", fragte Amy.

„Ein Freund hat mir gesagt, wenn ich eine tiefe innere Erfahrung von mir selbst machen wollte, dass ein Workshop mit den Kanes genau der richtige Ort dafür wäre. Ich habe sie letzte Woche angerufen, und sie erzählten mir von diesem Wochenende, und es passte perfekt zu meinem Zeitplan und meinen Bedürfnissen. Ich habe sofort eine Verbindung zu Ariel und Shya gespürt und bin wirklich sehr glücklich, dass ich es möglich machen konnte.

Das ist meine Tochter Christine. Ich bin aus der Gegend von Philadelphia hierhergefahren, und sie ist aus Ohio eingeflogen, um mit mir zusammen zu sein. Ich könnte dieses Wochenende wirklich gebrauchen, um zu atmen", sagte sie mit einem etwas rätselhaften Lächeln, und es schien so, als würde Mary nach innen blicken und sich insgeheim über einen Scherz freuen.

Als Christine als Nächste an der Reihe war, wiederholte sie die Worte ihrer Mutter – sie wäre hauptsächlich hier, um ein paar schöne Momente mit Mary zu verbringen.

Während das kleine Tal immer schattiger wurde, lernten wir jeden einzelnen Teilnehmer kennen. Wir alle ließen uns nieder, verringerten die Geschwindigkeit unseres hektischen Lebens und nahmen uns Zeit zu atmen.

„Morgen früh", sagten wir zu allen, „werden wir uns hier nach dem Frühstück um halb zehn treffen. Achtet darauf, bequeme Kleidung in mehreren Schichten übereinander zu tragen, so dass ihr euch darauf einstellen könnt, wenn es euch zu kühl oder zu warm wird. Wenn jemand noch irgendetwas in seinem Zimmer braucht, dann habt keine Bedenken, euch an uns zu wenden, bevor ihr geht, entweder jetzt oder beim Abendessen. Das Abendessen ist um sieben Uhr, das gibt euch Zeit, die ihr miteinander verbringen und diesen herrlichen Nachmittag genießen könnt. Jeder von euch, der irgendeinen medizinischen Befund oder gesundheitliche Probleme hat, selbst wenn wir davon wissen, sollte sich wirklich einen Augenblick Zeit nehmen, bevor ihr den Seminarraum verlasst und es uns sagen oder uns daran erinnern, damit wir wissen, ob ihr besondere Aufmerksamkeit braucht. Ansonsten sehen wir uns alle beim Abendessen."

Einige Leute legten sich auf ihre Kissen zurück und machten es sich bequem, andere halfen sich gegenseitig beim Aufstehen und gingen nach draußen. Ich sah, wie Amy ihren Mann Andy bat, nach oben zu greifen und ihr einen Apfel von dem hohen Zweig eines Baumes zu pflücken. Sie rieb ihn an ihrem Hosenbein, bevor sie den Hügel hinunter zum Bach gingen.

Allein oder zu zweit kamen die übrigen Leute zu uns. Einige, um uns zu umarmen und zu begrüßen, andere, um uns mitzuteilen, dass sie Asthma oder Allergien oder andere medizinische Probleme hatten. Am Ende ruhten nur noch Mary und Christine auf ihren Kissen und unterhielten sich leise miteinander. Wir schauten zu ihnen, Mary schien jetzt kleiner und blasser zu sein. Wir blickten einander an, verständigten uns mit einem Kopfnicken, gingen zu ihnen und setzten uns.

„Schön, euch beide persönlich kennenzulernen", sagten wir, schüttelten uns gegenseitig die Hand und tauschten ein paar freundliche Worte aus.

„Mary, geht es dir gut? Du siehst so blass aus."

Christine lehnte sich enger an ihre Mama, neigte den Kopf und wartete.

„Ariel und Shya, ich bin froh, dass wir einen Augenblick für uns allein haben", sagte Mary mit einem warmen Lächeln, das auf ihre Tochter gerichtet war. „Ich muss gestehen, dass ich nicht gesund bin."

Ruhig warteten wir. Christine streckte die Hand aus und ergriff die Hand ihrer Mutter.

„Ich habe nämlich Krebs", sagte sie, und ihr Lächeln wurde nur eine Spur unsicherer. „Er ist im Endstadium. Ich habe einen großen Tumor genau hier", sagte sie und deutete auf ihr Brustbein direkt unter ihrem Herzen, „und er liegt dort auf meiner Hauptschlagader. Es gibt nichts, was die Ärzte in diesem Stadium tun können. Tatsächlich möchten sie nicht, dass ich hier bin. Sie möchten nicht, dass ich irgendwo anders bin als im Krankenhaus und auf meinen Tod warte. Aber ich möchte leben, wirklich leben. Ich weiß, dass ich blass bin. Der Tumor ist so groß, dass ich nicht mehr genügend Sauerstoff bekommen kann. Ihr seht also, ich brauche wirklich die Freiheit zu atmen. Wenn ihr nichts dagegen habt, würde ich gern diese Zeit mit meiner Tochter verbringen. Wir sind uns über Jahre hinweg nicht allzu nahe gewesen.“ Christine drückte ihr die Hand und der Nasendiamant leuchtete auf. „Ich weiß nicht, wie ihr die Leute zu Paaren zusammenstellt, aber wir würden morgen gern Partner sein.“

„Natürlich könnt ihr beide Partner sein. Das ist kein Problem. Aber erzähl uns mehr über deinen Zustand. Wir sind keine Experten in Medizin und unverkennbar keine Ärzte. Wir möchten sicherstellen, dass wir nicht nur mit dir, sondern auch mit dem Wohlergehen aller an diesem Wochenende verantwortlich umgehen.“

Mary grinste. Es war ein 1000-Watt-Lächeln und berührte uns tief, wenn das zu diesem Zeitpunkt noch nötig gewesen wäre. „Macht euch keine Sorgen um mich. Mir wird es gut gehen. Mir bleiben noch mindestens zwei Wochen, so wird mir gesagt. Es sind keinerlei Komplikationen zu erwarten. Zu irgendeinem baldigen Zeitpunkt wird der Tumor zu groß werden und ich werde an Sauerstoff angeschlossen – und dann, nun, dann werde ich nichts mehr brauchen. Ich will mir selbst nur noch alles an Leben geben, was mir möglich ist, bevor ich gehe. Und ich möchte auch einige schöne Momente mit meiner Tochter verbringen. Ich muss ihr Zeit schenken – und habe nicht mehr viel davon."

Nun war Christine an der Reihe damit, blass auszusehen. Sie kannte die Wahrheit der Situation, aber es ihre Mutter so direkt aussprechen zu hören, rückte die Realität in den Fokus.

„Macht euch keine Sorgen", sagte sie. „Ich weiß, was zu tun ist, wenn Mamas Kräfte nachlassen. Ich habe ihre Medikamente, sämtliche Telefonnummern ihrer Ärzte, und ich habe mich über die medizinische Versorgung hier vor Ort informiert. Wir werden sie allerdings nicht brauchen. Mama ist in dieser Hinsicht sehr standhaft." Damit hob sie ihr Kinn – eine Herausforderung voller Würde, ihre Augen funkelten leicht.

Wir brauchten nicht weiter darüber zu sprechen. Wir waren gründlich vertraut mit Krebs und seiner verheerenden Wirkung. In jungen Jahren war Shyas Schwester an Rückenmarkskrebs gestorben. Jahre später, nachdem wir beide geheiratet hatten und schließlich nach Woodstock gezogen waren, hatten wir im örtlichen Supermarkt einen alten Freund von Shya wiedergetroffen, der kurze Zeit später an Krebs gestorben war.

„Bernie Kagan“, hatte Shya vorbei an der Schlange an der Kasse des Lebensmittelladens gerufen, als er seinen alten Freund erspähte. „Du hast meinen Bogen geklaut!“

Bernie wirbelte überrascht herum: „Shya Kane! Ich habe ihn immer noch in meiner Garage. Komm und hol ihn dir!“

Bernie war ein Jugendfreund von Shya, der sich vor 30 Jahren einen Bogen und einige Pfeile von ihm geborgt hatte. Kurze Zeit danach waren er und seine Eltern weggezogen, so dass er sie niemals zurückgegeben hatte. Die beiden Jugendlichen, die nun erwachsene Männer waren, hatten sich seit jener Zeit nicht mehr gesehen, aber die Erinnerung und die Verbindung waren geblieben.

Wir wollten den Bogen nicht zurück, obwohl Bernie ihn tatsächlich immer noch hatte. Doch er stellte sich als ein Hilfsmittel dafür heraus, um nach all diesen Jahren eine Freundschaft zu erneuern. Bernie war jetzt ein örtlicher Immobilienmakler in unserer Gegend. Dort gab es entlang der Straße Schilder, die Häuser zum Verkauf anboten. Auf einigen von ihnen klebten kleine Plakate als Firmenwerbung, die das Haus und den beauftragten Makler zeigten.

Der Text auf Bernies Plakat lautete: „Wenn Sie Hilfe brauchen, rufen Sie Bernie Kagan an." Es wurde zu einem sich regelmäßig wiederholenden Running Gag zwischen uns beiden, wenn wir an einem der Schilder vorbeifuhren, laut zu rufen: „Berr-niie Kaay-gan!"

Ein paar Monate nach unserem Wiedersehen entdeckte Bernie, dass er Krebs hatte und die Prognose nicht gut war. Wir besuchten ihn daheim.

„Bernie, warum kommst du nicht zu einem unserer Transformationsseminare, solange du noch die Energie dafür hast?", sagte Shya. „Nutze es, um eine Art Abschluss für dich zu finden. Gib dir selbst die Gelegenheit, um ein Gefühl von Frieden zu erleben. Sieh es als Abschiedsgeschenk an."

Bernie war dankbar für das Angebot. Das war er wirklich. Und er hatte schreckliche Angst. Er nahm unser Geschenk nicht an und wir nahmen es ihm nicht übel. Natürlich war dies seine ganz persönliche Reise, und so gut er konnte musste er seine eigenen Entscheidungen treffen. Mit dem Fortschreiten der Monate schritt auch seine Krankheit fort; wir besuchten ihn in regelmäßigen Abständen und beobachteten, wie sich seine Gesundheit verschlechterte. Shya pflegte ihm sanft die Füße zu massieren, und Bernie sprach von seinen versagenden Nieren und dass sein Körper lahmgelegt wurde. Die ganze Zeit über nahm seine Angst vor dem Tod und vor dem Unbekannten ständig zu, genauso unablässig wie sein Krebs. Er richtete eine häusliche Hospizbetreuung ein und eine enge Freundin zog ein, um ihm zu helfen. Es stellte sich jedoch heraus, dass sie zornig auf die Krankheit war, zornig darauf, dass er starb, zornig auf ihre Hilflosigkeit; das richtete sie gegen alle, die zu Besuch kamen, und beschuldigte sie, nicht genug zu tun, um ihm zu helfen, gesund zu werden. Das letzte Mal, als wir Bernie sahen, bereitete sie gerade ein grünliches Proteingemisch zu und schimpfte auf Bernies Situation. Als wir an jenem Tag weggingen, kam die nächste Welle von Helfern ins Haus, und die Tirade ging von neuem los.

Nachts lagen wir aneinandergekuschelt im Bett und unterhielten uns ruhig darüber, wie sehr wir es uns wünschten, dass Bernie sich unser Abschiedsgeschenk zunutze gemacht hätte. Es war schwer, ihn damals anzuschauen, mit so viel Schmerz und Unsicherheit und Angst.

Nun, als Mary vor uns saß und davon träumte, voll und ganz das zu leben, was von ihrem Leben noch blieb, und die Magie dieser Momente mit ihrer Tochter zu teilen, brauchten wir nicht zweimal nachzudenken.

„Natürlich könnt ihr beide Partner sein. Pass einfach auf dich selbst an diesem Wochenende auf, Mary. Während der ‚Freiheit zu atmen' werden wir die Teilnehmer dazu ermuntern, tief und kräftig zu atmen. Vergewissere dich, dass du in deinem eigenen Tempo vorgehst. Versuche nicht, mit irgendjemand anderem Schritt zu halten. Tu nur das, was richtig für dich und deinen Gesundheitszustand ist. Wenn einer von euch beiden irgendetwas braucht, lasst es uns sofort wissen. Wir wohnen in dem Häuschen genau gegenüber dem Speisesaal. Es ist ein kleines weißes Gebäude mit dem Namen ‚Waldlilie' über der Tür. Wir stehen euch Tag und Nacht zur Verfügung. Wir werden es euch überlassen, ob ihr den anderen Teilnehmern etwas von dem Tumor sagt oder nicht, einverstanden?"

Mary und Christine lächelten gleichzeitig. Wir standen alle auf und strebten nach draußen in den Nachmittag. Die Luft schien klarer zu sein. Gelbe Wespen labten sich an heruntergefallenen Äpfeln. Grillen zirpten laut. Ein Frösteln lag in der Luft. Der Winter kam näher.

Beim Abendessen ging es lebhaft zu. Unser Kurs war nicht der einzige auf dem Dienstplan an diesem Wochenende. Es gab noch eine Männergruppe und andere Veranstaltungen. Die Küche war in der Obhut von Brigita, die dort mit eiserner Hand und gelegentlicher Strafandrohung das Regiment führte. Weil die Küche selbst in den Nächten nicht abgeschlossen war, hatte sie es sich angewöhnt, Schilder zu hinterlassen, um dem unerwünschten Stibitzen von Süßigkeiten und Vorräten Einhalt zu gebieten. Ein plumper Totenkopf über zwei gekreuzten Knochen war auf Pappschilder gezeichnet, die über Tellern voller Erdmussbutter und Keksen mit Schokoladensplittern hingen. Darauf stand: „Bei Todesstrafe: Jeder nimmt nicht mehr als einen Keks!"

Wir beide nahmen uns unsere Ration und gingen auf unser Zimmer, während die Teilnehmer noch bei einer Tasse Tee zusammensaßen.

Der nächste Morgen war frostig und klar, das Gras von Tau benetzt, die Rotkehlchen zogen nach Süden fort. Wir trafen uns alle in der Scheune und so begann „Die Freiheit zu atmen". Die Teilnehmer fanden sich zu Paaren zusammen, und als die Vormittagssitzung voll in Gang kam, legte sich Mary für die Technik hin, während Christine neben ihr saß.

Wir ermunterten die Leute, intensiv zu atmen. Dabei nahmen unsere üblichen Worte eine weitaus größere Bedeutung an: „Atmet mit etwas mehr Volumen ein und etwas schneller als euer gewöhnlicher Rhythmus. Macht es so, als ob euer Leben davon abhängt.

Wenn ihr ausatmet, dann behaltet nichts zurück. Spart nichts auf. Lasst wirklich alles einfach los.

Jeder Atemzug ist ein vollständiger Lebenszyklus. Als ihr euren ersten Atemzug machtet, wusste man, dass ihr lebtet. Wenn ihr euren letzten Atemzug aus euch herauslasst, ist dies das Letzte, das ihr tun werdet. Gebt euch daher selbst alles mit jedem Atemzug. Atmet das Leben in vollem Maße ein, und wenn ihr nicht mehr aufnehmen könnt, dann lasst es los."

Mittlerweile ließ Christine ihren Tränen freien Lauf. Wir reichten ihr Taschentücher und nahmen einige für uns selbst.

„Atmet ein und inspiriert euch selbst. Inspiration so wie in: etwas Leben einhauchen."

Der Tag ging weiter. Die Menschen lachten und weinten. Die meisten hatten tiefe Gefühle und manche fühlten sehr wenig, als sie sich von jedem Atemzug weitertragen ließen.

Nach dem Mittagessen kam die Nachmittagssitzung und Christine war an der Reihe. Sie lag auf dem Teppichboden mit einer alten Quiltdecke als zusätzlicher Polsterung. Sie sah sehr jung und verletzlich aus, wie sie dort lag. Natürlich war sie nicht allein, da überall in der Scheune verstreut viele Paare Atempartner waren. Und natürlich war auch ihre Mutter da, Mary, die sehr madonnenhaft aussah, wie sie dasaß mit untergeschlagenen Beinen und die Hände im Schoß gefaltet. Vielleicht das Liebenswerteste: Marys Wangen waren rosig. Sie war von Leben durchflutet.

Die Nachmittagssonne fiel schräg durch die hohen Fenster, Staubpartikel tanzten, hier warfen Sonnenstrahlen Glanzlichter auf das Haar von jemand, dort wärmten sie Fußzehen. Wir legten Musik auf und begannen noch einmal mit dem Atemprozess.

Als es vorbei war, setzten sich die Leute aufrecht hin; sie wirkten wie neugeboren. Jeder Einzelne kam daraus hervor wie sauber geschrubbt von innen nach außen. Es war ein kraftvoller und bewegender Tag.

Das Abendessen verlief gleichzeitig gedämpfter und vibrierender. Das Essen hatte mehr Geschmack, die Farben waren voller, die Aromen kräftiger. Schließlich erbettelten Waschbären sich Kekse an der Hintertür.

Am nächsten Morgen begann „Die Kunst, ein Heiler zu sein". Die Leute erschienen früh, manche mit Kaffee in der Hand, der in der frostigen Luft dampfte. Ein Gefühl von Kameradschaft hatte sich entwickelt. Neue Freundschaften waren geschlossen, alte gestärkt worden.

Wir begannen mit Fragen, um von jedem etwas zu erfahren. Die Leute, die sichtbar leichter und ausgeruhter waren, sprachen von der Luft und den Blättern und dass sie gut schliefen. Morgenspaziergänge hatten sie belebt, sie hatten ein gesundes Frühstück genossen, und wir waren bereit für einen weiteren Tag der Transformation.

„Wir werden nicht sofort mit der Körperarbeit anfangen. Es macht keinen Sinn, miteinander zu arbeiten, wenn ihr nicht *hier* seid, während ihr mit euren Partnern zusammen seid. Lasst uns über die Kunst sprechen, ein Heiler zu sein."

Wir diskutierten über Heilung im Allgemeinen, warum Menschen Schmerzen hatten und über den Glaubenssatz des New Age: Wenn du krank bist, hast du es dadurch verursacht, dass du etwas in deinem Leben falsch gemacht hast. Wir sprachen darüber, wie die Geschichte des „Warum du so bist, wie du bist" dich weiter in deinem Zustand feststecken lässt. Und bei alldem beobachteten wir Mary. Natürlich starrten wir nicht zu ihr hin, aber es fiel schwer, nicht zu bemerken, wie sehr sie schwankte und kurz davor war, den anderen ihre Erkrankung mitzuteilen. Schließlich, mit einem tiefen Atemzug, wagte sie den Sprung – und als sie es tat, war sie magnetisierend.

„Ich kenne Schmerz und ich kenne Krankheit. Ich bin nun schon seit einiger Zeit krank. Ich habe alle möglichen Heilverfahren ausprobiert, schulmedizinische wie alternative, um mich zu heilen, und ich bin zu der Erkenntnis gelangt, dass Heilung und ein Heiler zu sein nicht unbedingt bedeutet, dass dein Körper gesund ist."

Mary drückte sich immer noch etwas vor dem eigentlichen Problem, aber es war ihr anzumerken, dass sie gern direkter sein wollte. Sie bekam einen sanften Stups von Amy.

„Was meinst du damit, dass du krank bist?", fragte Amy gerade heraus, aber mit einer Unschuld, die die Frage nicht zudringlich werden ließ.

„Ich habe Krebs. Und mein Körper ist wirklich krank. Tatsächlich werde ich bald sterben. Ich spreche nicht sonderlich gern darüber, weil ich kein Mitleid haben möchte. Und ich möchte auch die Beurteilungen nicht. Ich weiß nicht, warum ich krank geworden bin, aber ich weiß, dass das Leben kostbar ist. Ich weiß, dass jede Minute zählt. Ich bin mir völlig im Klaren darüber, dass manche Situationen nicht zu ändern sind, aber wie ich dieser Situation begegne, macht einen himmelweiten Unterschied.“ Und nun lächelte sie. „Es ist wirklich, wirklich gut, lebendig zu sein.“

Und so ging der Kurs weiter. Die Leute gingen rücksichtsvoll mit Mary und ihrer Krankheit um und sie mit ihnen. Ungeachtet seiner Gesundheit, verließ jeder dieses Wochenende belebt.

Das war das letzte Mal, dass wir Mary sahen. Ein paar Monate später erhielten wir eine kleine rosafarbene Karte, die in San Diego, Kalifornien, abgestempelt war. Es war eine handschriftliche Mitteilung von Christine.

Liebe Ariel und lieber Shya,

ich dachte, ihr würdet gerne erfahren, dass meine Mutter sanft gegangen ist. Sie starb etwa einen Monat, nachdem wir euch beide kennengelernt haben. Sie starb zu Hause.

Wir waren beide zutiefst dankbar, dass wir zu eurem Wochenende gekommen waren. Wir waren uns nie nahe gewesen, haben oft miteinander gestritten. Doch nach dem Wochenende bin ich bis zum Ende bei ihr geblieben.

Ihr habt recht. Transformation ist unmittelbar. Es war so, als hätten all jene schlimmen Jahre nie existiert. Es war eine liebevolle Zeit für uns beide. Ich bin jetzt nach Kalifornien gezogen und studiere wieder. Meine Mutter und ich danken euch beide.

Christine

Wir stellten fest, dass wir lächelten, während sich ein Gefühl des Friedens auf uns senkte, als wir Christines Mitteilung lasen. Vielleicht war dieser Frieden ein kleines Abschiedsgeschenk an uns von Mary. Wir waren so glücklich für Mary wie für Christine. Viele Menschen leben auf dieser Erde, aber so wenige ergreifen die Gelegenheit, *wirklich* zu leben. Selbst auf der Schwelle des Todes erkannte Mary, dass jeder Atemzug und jeder Tag zu kostbar war, um ihn zu vergeuden. Es war ein Wunder, dass sie die Freiheit zu atmen fand und die Freiheit, sie selbst zu sein. Es war ein wahrer Segen, dass sie diese Momente in ihren letzten Tagen mit Christine teilte und freundlich genug war, uns alle ebenfalls einzubeziehen.

Es gibt viele Leute, die durchs Leben gehen und voller Bedauern über Dinge sind, die sie einem Menschen nicht sagten, den sie geliebt und verloren haben. Viele von ihnen haben unvollendete Geschichten mit dem einen oder dem anderen Elternteil. Es ist unmöglich, im Leben sein volles Potential zu verwirklichen und die Fülle zu erfahren, die das Leben zu bieten hat, wenn man mit Groll und Bedauern herumläuft. Es war so wunderbar, dass Mary und Christine eine Chance hatten, die Vollkommenheit ihrer Beziehung gemeinsam zu verwirklichen.

In den darauffolgenden Jahren haben sich die Wege von Christine und uns nicht mehr gekreuzt. Wir wissen nicht, welches Studium sie wieder aufnahm oder wo sie von dort aus hinging. Aber wir wissen, dass ihre Zeit mit Mary ihr dazu verhalf, in ihrem Leben Erfolg zu haben, und dass das Wochenende, das sie auf eine derart vertraute Weise miteinander verbrachten, ein sanftes Sprungbrett in ihre Zukunft war.

DEN PUNKT DES GLEICHGEWICHTS FINDEN

Die meisten Menschen streben danach, auf eine Art und Weise zu leben, die ein Gefühl von Wohlbefinden, Zufriedenheit und Erfüllung hervorbringt. Wir alle sind daran interessiert, produktiv zu sein und die Ziele zu erreichen, die mit unseren Werten vereinbar sind. Wir beide haben jedoch häufig beobachtet, dass in dem Wunsch, ihre Ziele zu erreichen, die Menschen oft aus den Augen verlieren, was in ihrem Leben geschieht … in jedem einzelnen Augenblick. Sie werden getrieben, das zu leisten, wovon sie glauben, dass es zu Glück, Erfolg und Wohlbefinden führt, und verpassen all das, was das Leben anzubieten hat, wenn du ganz hier bist.

Wir wollen damit nicht sagen, dass du keine Ziele haben solltest. Es geht einfach darum, dass das Fokussieren auf zukünftige Ziele dich um den Reichtum des gegenwärtigen Augenblicks bringen wird.

Hier ist ein Beispiel dafür:

Da wir beide begeisterte Fliegenfischer sind, nahmen wir uns nach einem unserer Winterseminare in Costa Rica einen kurzen Urlaub und machten uns auf, um große pazifische Segelfische mit Fliegenruten zu fangen. Dort heuerten wir Captain

Bobby, sein Boot und seinen Maat an, um uns auf der Suche nach diesen majestätischen Geschöpfen von der costa-ricanischen Küste weg in den blauen Pazifischen Ozean zu bringen.

In den vergangenen vier Jahren hatten wir jedes Jahr mit Captain Bobby Fische gefangen. Als wir ihn kennenlernten, arbeitete er für eine Angler-Lodge als einer ihrer rangältesten Führer. Wir schienen gut miteinander auszukommen, daher buchten wir auch weiter Ausflüge mit ihm, nachdem er sich selbstständig gemacht hatte. Nur Bobby, sein Maat und wir beide steuerten auf einem fast neun Meter langen Boot von der Küste weg zu einem Abenteuer in der Nähe von Golfito, Costa Rica. Die Intensität und Unmittelbarkeit des Lebens auf See hat etwas an sich, das uns fasziniert und befriedigt.

Jeder Tag begann im Morgengrauen, wenn wir mit dem Motorboot von dem kleinen Dorf wegfuhren, das sich dicht an den Regenwald schmiegt und bis hinaus zwischen die Landarme geht, die Golfito schützen. Wenn wir auf das Meer hinaussteuerten, trafen wir immer auf etwas Lebendiges. Am Ufer gab es majestätische Bäume, die purpurrot blühten und deren Duft mit der Brise herangetragen wurde. Wir stießen oft auf sehr große Schwärme von Delfinen, die Sprünge und Kapriolen machten und vor dem Schiffsbug schwammen – eine Meeresvorhut von einigen der intelligentesten Geschöpfe auf diesem Planeten. Es gab große graue, schlank und kraftvoll, die mühelos dahinglitten, unser Schiff mit ihrer Gegenwart beehrten und sich elegant miteinander abwechselten, wenn sie uns dorthin geleiteten, wohin auch immer unser Bug wies. Es gab auch die Spinnerdelfine, die uns den Genuss von luftakrobatischen Kunststücken boten, wenn sie sprangen und sich drehten, mit offensichtlichem Vergnügen herumwirbelten, bevor sie zurück in das Meer platschten. Die Spinnerdelfine werden oft von Gelbflossenthunfischen begleitet, und sie helfen sich gegenseitig dabei, Schwärme kleiner Köderfische zusammenzutreiben, die ihre Nahrung sind. Man kann diese Gruppe aus weiter Entfernung erkennen. Es ist ein Getümmel von glitzerndem Wasser, hochspringenden Formen und einer krächzenden Wolke von tauchenden Meeresvögeln.

Seeschildkröten sind gesetzter. Sie strecken ihre Köpfe über das Wasser, um zu beobachten, wie die Welt vorüberzieht. Gelegentlich hatten wir einen spektakulären Anblick von Walen, ganz nah und persönlich. Auf einer speziellen Fahrt sahen wir eine Mutter und ihr Kalb rasch auf die ferne Küste zusteuern. Sie sprangen und tauchten hintereinander auf einer Bahn, die parallel zu unserem Boot verlief. Eine Zeit lang hielten wir Schritt mit diesen Kolossen.

Mantarochen können Salto rückwärts machen, Fregattvögel steigen auf den Warmluftströmungen in große Höhen, und Pelikane fliegen im Verband nur wenige Zentimeter über den Wellen, wenn sie die mit der Strömung aufsteigenden Fische fangen. Und dann gibt es noch große Sportfische, Doraden, pazifische Segelfische und Speerfische. Die Doraden sind golden-blaugrüne Kugeln, die aus der Tiefe hochschießen, um die Köder anzugreifen, die an der Schleppangel hinter dem Boot hergezogen werden. Segelfische tauchen plötzlich auf und werfen sich hin und her, wenn sie versuchen, die Köderfische mit ihren Mäulern zu betäuben, um sie gemächlich zu verzehren. Und die Speerfische sind die Könige – Geschöpfe, die nicht ihresgleichen haben. Diese erstaunlich kraftvollen und aggressiven Goliaths tauchen voller Rage aus dem Nichts auf; plötzlich bricht die täuschend träge Wasseroberfläche auf, während etwas von der Größe eines Kleinwagens explosionsartig in Sicht kommt.

Manchmal sind wir auf einem dieser Ausflüge auf einen Baumstamm gestoßen, der wie eine einsame Welt 20 oder 30 Meilen fern von irgendetwas trieb, ein ganzes Ökosystem in sich selbst. Vögel sitzen darauf und ruhen sich aus. Krabben und garnelenartige Tiere krabbeln auf seiner Oberfläche und darunter, im Schutz des Baumstamms selbst, kreisen weiter unten kleine Schwärme von Köderfischen und fressen die niederen Lebensformen. Die Dorade, der Segelfisch und der Schwertfisch können gerade außerhalb des Blickfeldes lauern und darauf warten, sich auf sie zu stürzen.

So sind unsere „Fischexpeditionen" ein Eintauchen in das Leben und die Großartigkeit des Meeres. Jeder Tag auf dem Wasser ist ein Geschenk, erfüllt von Ansichten, Geräuschen und Gerüchen, die es uns ermöglichen, wieder in Berührung mit der Natur und der unermesslichen Weite des Lebens auf diesem Planeten zu kommen.

Man würde annehmen, es wäre sehr zufriedenstellend, ein Leben als Fischkapitän zu führen. Doch Captain Bobby war blind dafür durch eine Reihe von Zielen, die ihm ständig im Kopf herumgingen. Als wir ihn kennenlernten, beklagte er sich regelmäßig über das Management der Angler-Lodge und sagte: „Wenn ich mein eigenes Boot hätte, würde ich es anders machen. Ich würde die Dinge besser als sie machen."

Bei dem besagten Ausflug hatte Bobby endlich einige seiner lebenslangen ehrgeizigen Ziele erreicht, darunter auch das, ein eigenes Boot zu haben. Sein gegenwärtiges Ziel, an dem teilzuhaben er uns verleitete, bestand darin, einen Fisch in Weltrekordgröße mit einer Fliegenrute zu fangen. Bobby war sehr daran interessiert, dass Ariel die neue Weltrekordhalterin für pazifischen Segelfisch wurde, und daher schlossen unsere Tage es ein, dieses Ziel zu erreichen. Es wurde zu einem aufregenden Abenteuer, nach großen Sportfischen zu jagen in der Hoffnung, einen zu fangen, welcher der größte wäre, der je registrierte wurde. Eines Tages fing Ariel tatsächlich jenen großen Fisch. Er war wahrhaftig ein Riese, ein gräuliches Tier, das gut über hundert Pfund wog und von Maul bis Schwanz fast drei Meter lang war.

Wir hatten gewonnen. Wir hatten geschafft, was zu tun wir uns vorgenommen hatten. Die Euphorie hielt fast einen ganzen Abend an. Dann begann der Ärger. Bobby hatte sich eines seiner persönlichen Ziele erfüllt, und so ging es mit Feuereifer und großer Entschlusskraft zum nächsten weiter. Wir stellten fest, dass er nicht mehr bloß fischte und sich am Reichtum der Erfahrung freute, die man auf dem Meer machen konnte. Wir wurden nun verbissen angewiesen, „einen weiteren Weltrekord holen zu müssen", so als würde das Erreichen dieses Ziels irgendein Gefühl von wirklicher und dauerhafter Zufriedenheit herbeiführen.

Ein paar Tage später fing Ariel einen Roosterfish in Weltrekordgröße. An diesem Abend teilte uns Bobby beim Essen mit, dies sei eines seiner vier Ziele im Leben. Danach wurde die Sache immer schlimmer. Er wurde reizbar, war leicht frustriert und geriet schnell in Wut. Nun konnten wir es ihm nicht recht genug machen, und wir konnten auch nicht schnell genug einen Fisch fangen, der groß genug war. Fischen wurde zu einer ernsten Angelegenheit. Er war kein „netter Kerl" mehr. Natürlich redeten wir mit ihm darüber, da es nicht unserer Vorstellung von Urlaubsvergnügen entsprach. Während des restlichen Ausflugs zeigte er seine Frustration nicht mehr so offen, aber wir konnten erkennen, dass sie direkt unter der Oberfläche schwelte.

Bobby hatte sich in der Vorstellung verloren, dass das Erreichen des nächsten Ziels ihm irgendwie Erfüllung bringen, ihn in seiner Existenz bestätigen und zu einem glücklicheren Menschen machen würde. Das Problem bei dieser Vorstellung entsteht dann, wenn du dein Ziel tatsächlich erreichst. Das Leben ändert sich damit nicht grundlegend, und daher erzeugt das Erreichen eines Ziels unter diesen Umständen kein Gefühl von Wohlbefinden oder Zufriedenheit.

Wenn du in dir selbst zufrieden bist, ist es auch befriedigend, ein Ziel zu erreichen. Wenn du nicht zufrieden bist, dann wird, wenn ein Ziel erreicht ist, nur das Bedürfnis nach dem nächsten Ziel stimuliert. Die Vollendung von etwas intensiviert, wer du bist und wie du gegenwärtig bist. Wenn es beim Erreichen eines Ziels also darum geht, dir selbst Ausdruck im Leben zu verleihen, dann wird dein Gefühl von Selbstausdruck, Selbstwert und Wohlbefinden intensiviert. Wenn du dir jedoch Ziele aus einem Gefühl von Mangel oder Unzulänglichkeit setzt, was von der Einbildung herrührt, dass die Erfüllung deiner Wünsche Zufriedenheit oder Genugtuung erzeugen wird, dann wirst du enttäuscht sein, wenn du dein Ziel erreichst. Das Gefühl von Leere oder Unzufriedenheit wird stärker.

Ziele zu haben kann äußerst nützlich sein, aber nicht, wenn sie erreicht werden und du dabei deine Erfahrung opferst, in jedem Augenblick zu leben. Wenn du dir Sorgen um die Zukunft und darüber machst, dir Ziele zu setzen, kannst du dich nicht mit dem beschäftigen, was gerade in diesem gegenwärtigen Moment in deinem Leben passiert.

Unsere Fischfang-Geschichte ist dafür ein vorzügliches Beispiel. Große Sportfische zu fangen erfordert mehr als lediglich die Geschicklichkeit des Anglers. Es ist eine Teamleistung, und ein gemeinsames Ziel zu haben ließ uns alle fokussiert bleiben und gab unseren Handlungen Sinn und Zweck. Fehler wurden auf ein Minimum reduziert, weil wir unsere gesamte Aufmerksamkeit und Fähigkeit in den

Prozess des Fischfangens einbrachten. Fokus ist ein Vorteil, aber wenn du in die Zukunft abdriftest und erwartest, dass das Ergebnis langfristig Glück oder Zufriedenheit herbeiführen wird, dann verpasst du die Magie des Augenblicks, und das Leben wird ernst und zweidimensional.

Ariel fing letzten Endes drei Weltrekord-Fische während dieses Ausflugs, zwei pazifische Segelfische und einen Roosterfish. Gegenwärtig hält sie zahlreiche Weltrekorde im Fliegenfischen für Frauen bei der *International Game Fish Association* (Internationaler Sportfischverband).

ABER ICH MÖCHTE DOCH KÜNSTLER SEIN

– Aus Ariels Sicht erzählt –

In New York gaben wir einmal im Herbst einen unserer Business-Kurse, den wir „Transformation am Arbeitsplatz“ nennen. Leute aus verschiedenen Bereichen waren dort, um herauszufinden, wie sie bei ihrer Arbeit leistungsfähiger, produktiver und zufriedener sein können.

An diesem besagten Wochenende war ein breites Spektrum von Berufen vertreten – Hausfrau, Rechtsanwalt, Unternehmer, Banker, Arzt, Sekretärin, Lehrer, Schauspieler, Professor usw. Im Verlauf des Wochenendes untersuchten wir, was es erfordert, um Wohlbefinden bei der Arbeit zu erleben, und wie man erfolgreich kommunizieren kann. Wir erfuhren auch von jedem Einzelnen die Gründe, weshalb er teilnahm und was er damit zu erreichen hoffte.

Als wir im Raum herumgingen, trafen wir auf Nancy, eine Firmeninhaberin, die mit ihrer ganzen Belegschaft da war und hoffte, ein noch stärkeres Team aufzubauen. Charlotte, eine Zahnhygienikerin und außerdem Ernährungsberaterin, wollte dazu in der Lage sein, beide Berufe ins Gleichgewicht zu bringen und mehr Geld mit ihrem Ernährungsgeschäft zu verdienen. Als wir mit Charlotte sprachen, setzte sich Jonathan, ein sanft aussehender Mann von Mitte vierzig, auf seinem Stuhl gerader hin. Er war völlig in das Gespräch vertieft, und da wir seinen Fragebogen gelesen hatten, wussten wir, womit er sich herumschlug. Jonathan führte ein Doppelleben – zumindest seiner eigenen Meinung nach. Während des Tages war Jonathan Softwareentwickler bei einem „Fortune 500" Unternehmen, und bei Nacht war er Berufsmusiker. Für Jonathan existierten diese beiden Beschäftigungen nicht friedlich nebeneinander.

Als unser Gespräch mit Charlotte beendet war, fragte Shya, wer als Nächster sprechen wolle. Ohne einen Augenblick zu versäumen, sprang Jonathan auf und rief: „Ich!" Er grinste und die Leute kicherten über seine Überschwänglichkeit.

„Ich heiße Jonathan und arbeite bei einer großen Bank, bei der ich eine Reihe von Computersystemen betreibe. Ich verdiene dort viel Geld, aber ich bin nicht glücklich. Ich bin nämlich auch Berufsmusiker. Ich spiele Klarinette, ich komponiere und gehöre zu einem Jazz-Ensemble. Ich spiele in Symphoniekonzerten und bei Unterhaltungsshows, und ich stelle fest, dass die Arbeit während des Tages mich erschöpft und sich nachteilig auf mein Spiel auswirkt."

„Wieso?", fragte Shya.

„Nun, Shya, am Ende des Tages bin ich zu müde zum Üben. Ich spiele auf meiner Klarinette, aber die meiste Zeit über ist es lustlos und ich mache Fehler. Ich weiß, dass ich besser spielen könnte, wenn ich nicht so erschöpft von der Arbeit bei meinem ?*$%^^&#-Job wäre. Ich gehe mittlerweile zu Auftritten und fühle mich nicht inspiriert. Ich denke daran, die Bank zu verlassen, aber ich habe an eine Familie zu denken und die Stelle ist so gut bezahlt. Ich habe auch einen 401K-Vermögensplan, aber ich möchte ihn nicht zu Geld machen. Ich möchte der Künstler sein, der ich meines Wissens bin!"

Während er sprach, hatte Jonathan sich erregt, sein Gesicht war gerötet vor Leidenschaft. Andere im Raum nickten, da die professionellen Schauspieler und Regisseure nachempfinden konnten, wie tagtägliche Arbeit einer künstlerischen Betätigung im Wege steht. Auf ihren Gesichtern konnte man geschrieben sehen: *Wenn ich einfach nur Theater spielen könnte, anstatt mir Jobs suchen zu müssen, dann wäre ich glücklich.*

„Welche Qualität hat dein Spiel zurzeit?", erkundigte sich Shya.

„Kraftlos, Shya", sagte er betrübt, „kraftlos."

„Nun, Albert Einstein hat einmal gesagt, dass man ein Problem nicht innerhalb des Systems lösen kann, das es geschaffen hat“, fuhr Shya fort. „Es klingt so, als ob deine möglichen Lösungen für dein Dilemma, weitermachen und kraftlos sein oder deinen Job aufgeben und Vorteile einbüßen, beide darauf hinauslaufen, Probleme zu schaffen. Mit Transformation gibt es keine Nachteile.“

Es war klar, dass Jonathan alles gern hören wollte, was sein Problem ohne Nachteile lösen würde.

„Ich habe einen Vorschlag für ein Experiment“, sagte ich. „Dazu wird aber gehören, ein Risiko einzugehen. Bist du bereit dazu?“

„Oh ja!“, erwiderte er. Es ließ sich deutlich an seinem Gesicht ablesen, dass er hoffte, wir würden ihm endlich die Erlaubnis geben, die er sich selbst nicht zugestanden hatte – nämlich seinen Job und die Verpflichtungen gegenüber seiner Familie hinzuschmeißen. Dann könnte er sich dafür entscheiden, endlich ein Fulltime-Musiker zu sein. Seine Augen leuchteten in freudiger Erwartung. Shya und ich warfen uns einen kurzen Blick zu und ich fuhr fort: „Folgendes schlagen wir vor: Vergiss in den nächsten beiden Wochen deine Klarinette. Pack sie weg.“

„Lass alle Gedanken los, ein Musiker zu sein“, sagte Shya.

Jonathan machte ein langes Gesicht, und er sah so aus, als wolle er sich zur Wehr setzen. Er war überzeugt davon, dass wir wie seine Eltern waren, die nicht wollten, dass er sich für seine innere Wahrheit entschied. Er dachte, wir wollten ihn die vernünftige und langweilige Geschichte von neun bis fünf machen lassen. Er öffnete den Mund, um zu protestieren, während ich den Gedanken zu Ende führte:

„… und sieh am Ende dieser zwei Wochen, wie dies dein spielerisches Können verbessert hat und wie sehr es deine Fähigkeiten als Musiker steigert."

Ungläubig öffnete und schloss Jonathan mehrmals seinen Mund.

„Moment mal! Ariel, Shya, ihr schlagt mir vor, zwei Wochen lang nicht zu spielen als Methode, um mein musikalisches Können zu verbessern?"

„Jawohl!", sagte ich.

„Aber wie soll mir das helfen? Ich denke, ich muss Disziplin haben und üben, um mich zu verbessern."

Von hier an übernahm Shya wieder: „Sieh mal, Jonathan, du hast gesagt, die Sache wäre kraftlos, stimmt's?"

„Ja."

„Und ich kann voraussetzen, dass du jahrelang Disziplin gehabt und dich an das Rezept gehalten hast, fleißig zu üben. Du bist aber weder bei der Arbeit noch mit deiner Klarinette glücklich oder zufrieden oder leistungsfähig?"

„Das ist wahr, Shya, so wahr!"

„Nun, was hast du dann zu verlieren? Bist du bereit, es einmal auszuprobieren?"

Jonathan nickte langsam. Er sah verwirrt aus und war sich nicht sicher, was dabei herauskommen würde, aber er war bereit dazu.

„Das ist prima, Jonathan", sagte ich. „Wenn du heimkommst, dann packe deine Klarinette in ihren Kasten und räume deine Noten, deinen Notenständer und alles weg, was du mit Musizieren und Üben in Verbindung bringst. Tu in den nächsten beiden Wochen so, als würden deine Klarinette und deine Fähigkeiten als Musiker nicht existieren. Du magst vielleicht zuerst daran denken, aber wenn du feststellst, dass deine Gedanken dorthin wandern, dann lenke deine Aufmerksamkeit auf das zurück, was du gerade tust. Einverstanden?"

„Ganz bestimmt, das werde ich tun!", verkündete er mit derselben Art von Begeisterung, die er schon zu Anfang gezeigt hatte.

Das Seminar ging weiter und fand seinen natürlichen Abschluss. Wir sahen Jonathan bei den beiden wöchentlich stattfindenden Montagabend-Seminaren während der nächsten zwei Wochen, aber niemand erwähnte sein Experiment. Wir alle verhielten uns so, als würde seine Klarinette nicht existieren, und niemand wollte ihn an den Prozess erinnern. Zwei Wochen vergingen rasch, und am folgenden Montag nahm Jonathan wieder an dem Seminar teil, aber diesmal hatte er einen schwungvollen Gang und ein Funkeln in den Augen.

Bei der ersten Gelegenheit stand Jonathan auf und redete. Ich bemerkte, dass er größer wirkte und besser in sich geerdet aussah.

„Ich bin so aufgeregt", verkündete er. „Vor zwei Wochen machten Ariel und Shya mir den seltsamsten, geschicktesten, befremdlichsten und inspiriertesten Vorschlag, den ich jemals in meinem Leben bekommen habe. Okay, hier ist der Hintergrund dazu: Ich arbeite bei einer Bank und bin auch Musiker. Ich habe schon als Kind Klarinette gespielt, aber seit ein paar Jahren, vor allem in den letzten sechs Monaten, hatte ich keine Freude mehr daran. Ich kam zu dem Business-Kurs der Kanes in der Hoffnung, einen Weg zu finden, um wieder etwas Lebendigkeit in mein Spiel zu bringen, da ich das

Gefühl habe, als hätte ich in letzter Zeit alles nur noch mechanisch gemacht.

Ich war schockiert, als sie mir vorschlugen, die Klarinette mit meinen sämtlichen Noten zwei Wochen lang wegzuräumen und so zu tun, als würde sie nicht existieren. Ich meine, ich bin schließlich ein Profi! Welche Art von Berufsmusiker lässt zwei Wochen die Dinge schleifen und erwartet dann, gut spielen zu können?"

Dabei grinste er, die anderen Leute lächelten und ich konnte wahrnehmen, dass er die Sache zu einem Crescendo aufbaute. Nun wandte er seine funkelnden Augen in unsere Richtung: „Ariel, Shya, gestern habe ich meine Noten, den Notenständer und die Klarinette aus dem Wandschrank herausgeholt. Es war zwei Wochen und ein Tag her! Alles war so vertraut und doch so neu. Ich war aufgeregt, ein Lied auswählen und das Blattmundstück erproben zu können, und ich stellte fest, dass ich diese Art von Inspiration seit langer, langer Zeit nicht mehr gespürt hatte. Ich machte meine Aufwärmübungen und meine Finger flogen. Die Musik strömte aus meinen Fingerspitzen hervor und der Klang war so rein. Ich spielte eine Stunde ohne Unterbrechung, und es schien so, als wäre nur ein Augenblick vergangen. Ich kann nur sagen: Wow! Und Danke euch beiden."

„Wie war die Arbeit in den letzten zwei Wochen?“, fragte Shya.

„Es ist etwas peinlich, wie gut ich meine Sache gemacht habe. Vermutlich habe ich immer einen Teil von mir bei der Bank zurückgehalten. Ich weiß, dass es irrational klingt, aber es schien so, dass ich, wenn ich dort Erfolg hätte, in einem Job von neun bis fünf kleben bleiben und meine kreative Energie verlieren könnte. Ich habe mich immer zurückgenommen in der Hoffnung, Künstler zu sein.“

„Bist du denn Künstler und hat dir deine Arbeit in diesen letzten zwei Wochen davon etwas weggenommen?“

„Ja, ja, ich bin Künstler und nein, die Arbeit bei der Bank hat nichts davon weggenommen. In der Tat habe ich in der letzten Woche die Dinge weitaus schneller erledigt, als ich das jemals für möglich gehalten hätte. Ich entwickelte neue Lösungen für einige alte Programmierungsprobleme, die wir nun schon seit einer Weile hatten. Selbst mein Chef bemerkte den Unterschied. Er blieb gestern an meinem Arbeitsplatzcomputer stehen und bedankte sich für eine neue Software, die ich schrieb. Das war vorher nie passiert.“

„Weißt du, Jonathan“, sagte Shya, „wenn du deinen vollen Selbstausdruck in einem Bereich zurückhältst, wirst du nach und nach in allen Lebensbereichen matter, jene Bereiche eingeschlossen oder sie vielleicht gerade besonders, die du zu schützen versuchst. Das Leben ist wie ein mächtiger Fluss, und es erfordert Energie, die Strömung anzuhalten. Wenn du dein Leben mit Exzellenz in deinem ‚Tagesjob‘ angehst, verwandelt es dies in eine großartige Erfahrung, und dann wird es zu einem kreativen Akt. Wenn du dein Leben ohne Einschränkung angehst, wirst du ein Künstler, wo auch immer du gehst und was auch immer du tust.“

Wir blickten uns im Raum um, als Jonathan sich hinsetzte, und sahen Leute, die sich schweigend selbst zunickten. Da waren auch andere, die sich aus dem einen oder anderen Grund zurückgenommen hatten; es war leicht zu erkennen, dass der Funke auch in ihren Augen wieder entzündet wurde, als sie nur daran dachten, ihre Tage ohne Einschränkung anzugehen. Bei Jonathan war eine Transformation geschehen, und sie geschah gerade wieder, als er andere an seinem erfolgreichen Experiment teilhaben ließ, bei dem zu sein, wo er war, anstatt auf eine bestimmte Zeit und eine bessere Aktivität zu warten. Wir wussten, dass er im Leben vieler Menschen gerade etwas verändert hatte, aber die Auswirkungen würden sich erst in den noch vor uns liegenden Tagen zeigen. So ist Transformation beschaffen. Der Wechsel geschieht und dann, wenn du präsent bist und darauf achtest, wirst du die Auswirkungen erkennen.

Als der Abend zu Ende ging, konnten wir eine Welle der Begeisterung im Stimmengewirr spüren, als die Leute in die Nacht hinausgingen. Am nächsten Montag kamen sie wieder und hatten mehr Dinge zu fragen und mitzuteilen; auch Jonathan kam wieder und sah noch immer strahlend aus. Bald stand Raul, ein junger Schauspieler, der zufällig direkt neben Jonathan saß, mit einem breiten Grinsen auf.

„Ich schulde euch allen, und insbesondere Jonathan, ein großes Dankeschön!", sagte er. „Ich habe dein Experiment nachgeahmt, Jonathan, hoffentlich hast du nichts dagegen." Jonathan grinste, als Raul fortfuhr: „Ich bin Schauspieler und habe immer meinen Tagesjob als Kellner gehasst. Ich bediene Tische in Midtown, meistens während des Hochbetriebs in der Mittagszeit, und ich war immer der Meinung, das sei eine kolossale Zeitverschwendung, vor allem weil ich immer gedacht habe, dass ich während des Tages Vorsprechproben machen und meine Karriere voranbringen sollte. Es ist nicht so, dass ich wirklich produktiv darin gewesen wäre, dies an meinen freien Tagen zu tun, aber ich hatte dieses Hirngespinst. Daher war ich voller Groll und ließ meine Kunden dafür büßen. Wenn jemand selbst etwas so Simples wie eine Serviette wollte, brachte ich sie ihm mit theatralischer Pose. Ich weiß, ich weiß, das ist keine sonderlich tolle Methode, um Trinkgeld zu bekommen, aber ich habe immer gedacht, ich wäre zu gut für diesen Job, und ich wollte die Leute meine Frustration spüren lassen." Raul machte eine Pause und schaute sich bei seinem Publikum um. Wir wurden von seinem „Auftritt" mitgerissen und waren bereit für die nächste Szene.

„In dieser Woche habe ich Folgendes getan: Als ich Tische bediente, habe ich nicht mehr daran gedacht, Schauspieler zu sein. Ich machte es so, als wäre dies alles, was ich war, und alles, was ich hatte, und ich ging es mit Exzellenz an. Am Donnerstag bediente ich an einem Tisch, wo zwei Frauen saßen, und ich kümmerte mich wirklich gut um sie. Ich wollte ehrlich, dass sie ein großartiges Essenserlebnis hatten. Ich wollte, dass sie belebt weggingen. Am Ende der Mahlzeit sagte eine der Damen: ‚Wow, Sie haben sich wirklich Mühe mit uns gegeben. Sie sind großartig. Was für ein schönes Essen! Sind Sie Schauspieler?' Als ich dies bejahte, sagte sie: ‚Ich bin Casting-Direktorin. Hier ist meine Karte. Bitte schicken Sie mir in dieser Woche Ihren Lebenslauf. Viele Leute würden optisch zur Rolle passen, wenn ich Castings mache, doch mit Ihrer Haltung sind Sie genau der Typ von Schauspieler, den ich engagieren möchte.'

Ich gab meinen Lebenslauf gleich am nächsten Tag in ihrem Büro ab und habe mein erstes Vorsprechen in der nächsten Woche. Ich weiß nicht, ob sich irgendetwas daraus ergeben wird, aber ich weiß, dass ich mich besser als je mit mir selbst fühle. Ich habe entdeckt, dass ich gern nützlich bin und dass ich es sogar wirklich mag, Tische zu bedienen!"

Die Leute bei der Montagabend-Gruppe klatschten spontan Beifall. Raul strahlte. Nach einem Augenblick zog er Jonathan hoch und, zum Ergötzen aller Anwesenden, verbeugten sich beide wie echte Künstler.

DETROIT-SHARON

– Aus Shyas Sicht erzählt –

Wenn ich auf eine Zeit vor etwas über 40 Jahren zurückblicke, bin ich erstaunt darüber, wie lebendig meine Erinnerung an diese Ereignisse ist. Ich war 21 Jahre alt und plante, ein Vorlesungssemester an der Universität von Hawaii zu belegen, und ich sollte in ungefähr drei Wochen dorthin aufbrechen. Zu dieser Zeit schloss ich gerade einige Vorlesungen an der Universität von New York ab, und meine Zimmernachbarin Wendy wurde von einer Freundin aus ihrer Heimatstadt Detroit besucht. Sie hieß Sharon und war ausgesprochen hübsch – kurzes dunkles Haar, große Augen, zierlich und sexy. Wir wurden sofort voneinander angezogen.

Rasch stellten wir fest, dass ich in drei Wochen nach Hawaii aufbrach und sie nach Detroit zurückkehrte. Das gab der Situation einen gewissen Druck. Es bestand keine Möglichkeit für eine langfristige Beziehung. Es war nur ein heiße, leidenschaftliche Liebesaffäre. Es dauerte ungefähr eine Woche, und dann kehrte sie nach Hause zurück. Kurz danach landete ich in Hawaii. Vorgeblich belegte ich ein paar Vorlesungen, doch in Wirklichkeit surfte ich hauptsächlich auf allen klassischen Wellen an der Südküste und der Nordküste der Insel. Ich habe wirklich keinerlei Erinnerung an die Vorlesungen, die ich an der Universität belegte, aber ich erinnere mich sehr gut an meine Leidenschaft fürs Surfen. Insgesamt war ich acht Monate auf Oahu.

Zuerst lebte ich in Waikiki, doch während der meisten Zeit meines Aufenthalts lebte ich zusammen mit einer Gruppe junger Surfer in Kainui Road. Morgens, nachmittags und abends, wann immer die Brandung hoch war, traten wir aus unserer Tür und brachten unsere Surfbretter zum Strand hinunter an die Bonsai Pipeline.

Der Dezember kam, und Tausende von Meilen entfernt auf dem Meer wurde das Wetter stürmisch, was hohen Wellengang und wunderbares Surfen zur Folge hatte. An Weihnachten quetschten wir uns alle in einen VW-Bus und fuhren zur Waimea Bay. Wir standen stundenlang da und beobachteten, wie die riesigen Wellen hoch aufwogten und auf die Küste krachten. Schließlich paddelten drei Surfer, zwei Experten und ein Anfänger, hinaus, um zu versuchen, auf den neun Meter hohen Wasserwänden zu reiten. Die Experten waren Burschen, die den Elementen getrotzt hatten und schon seit Jahren auf den großen Wellen gesurft waren. Der Anfänger war ein schlaksiger 21-Jähriger – ich.

Es gelang mir, auf meinem Surfbrett zu bleiben, und – das sage ich mit Stolz – ich bin nicht gestorben. Am Ende des Tages gab es viele, die mir anerkennend auf den Rücken klopften, und Massen von Bikini-Mädchen, die gebührend beeindruckt waren.

Einer der vorteilhaften Nebeneffekte des Surfens, von der Übung einmal abgesehen, waren die Mädchen. Es war erstaunlich, wie viele schöne Mädchen es hier auf Hawaii gab. Es gab nur ein einziges Problem: Ich war in Detroit-Sharon verliebt. Ich schrieb ihr fast jeden Tag. In Wahrheit war ich ein schüchterner junger Mann, scheute Verabredungen und war in gesellschaftlicher Hinsicht etwas ungeschickt. Es war eine sehr bequeme Methode, meine Schüchternheit im Kontakt zu Mädchen zu umgehen. Ich war ja in einer Beziehung, zumindest in meinem Kopf, und daher dachte ich, es wäre ein Verrat, mit anderen Frauen auszugehen.

Ich hatte ein paar Verabredungen während meiner Zeit am Nordstrand. Ich wich nicht allen der vielen Gelegenheiten aus, die sich mir boten. Aber wenn ich mit einem Mädchen ausging, um ein Bier zu trinken, dann saßen wir tatsächlich zu dritt am Tisch – ich, mein Date und Sharons Geist. Ich war bei keinem Mädchen, mit dem ich verabredet war, wirklich präsent, weil ich sie irgendwie mit der wachsenden Liste von Eigenschaften verglich, die ich Detroit-Sharon in meiner sich immer weiter ausdehnenden Phantasievorstellung darüber zuschrieb, wer sie war und was sie für mich bedeutete.

Diese Fernbeziehung diente vielen Zwecken. Ich konnte mich selbst in einer Beziehung sehen, und so musste ich mich niemals wirklich mit meiner Angst vor Verabredungen und der Möglichkeit konfrontieren, einen Korb zu bekommen. Die Phantasievorstellung von Detroit-Sharon bestärkte mich in meinem Alleinsein. Ich saugte mich fest an der magnetischen Intensität des Augenblicks mit Träumen von unserer gemeinsamen Zeit in der Vergangenheit, die nun ein neues Drehbuch bekamen und überlebensgroß waren, während ich für die Zukunft ein Szenario à la „Und sie lebten glücklich miteinander bis ans Ende ihrer Tage" konstruierte.

Man könnte meinen, dass ich als Surfer daran interessiert war, die Intensität des Lebens zu erfahren. Vielleicht war das so, aber zwischenmenschlich war ich ungeschickt und unsicher. Obwohl ich 21, Single und relativ frei war, verabredete ich mich während jener acht Monate nur mit zwei oder drei Frauen. Diese Verabredungen führten nie wirklich zu irgendetwas, da mein Herz an meiner Phantasiebeziehung zu Detroit-Sharon hing.

Als die Zeit näher rückte, Hawaii zu verlassen, arrangierte ich meinen Heimflug via Detroit. Was ich dort vorfand, war nicht die lang erwartete Wiedervereinigung, sondern vielmehr ein unsanftes Erwachen. Die schockierende Wahrheit war, dass ich einen ganzen Tag brauchte, um den „Fehler" zu erkennen, den ich gemacht hatte. Sharon war immer noch hübsch, aber wir hatten nichts gemeinsam, und es dauerte nicht lange, bis ich merkte, dass sie mir nicht einmal wirklich gefiel. Plötzlich wurde mir klar, dass die Person, die ich mir in meiner Phantasie ausgemalt hatte, genau das war – ein Phantasiegebilde. Diese Person sah nur so aus wie die Sharon meiner Träume. Wir beide quälten uns durch die restliche Zeit meines Besuchs, und als ich Abschied nahm, war es zur beiderseitigen Erleichterung. Sharon wurde schließlich Rechtsanwältin und Richterin, und ich ging weiter nach New York und zu meinem weiteren Leben.

Wenn uns heute Menschen von ihren Fernbeziehungen erzählen, werde ich an jene acht Monate erinnert, die ich auf Hawaii damit verbrachte, viele schöne Frauen wegen der Phantasievorstellung meiner „Beziehung" zu verschmähen. Ich hatte mir vorgestellt, dass etwas oder jemand in der Zukunft, nämlich Sharon, mich retten würde. Damals aber, als ich nach New York zurückkam, beklagte ich mich fortwährend bei mir selbst darüber, dass ich mit all jene schönen Bikini-Mädchen hatte entgehen lassen. Mein Leben war zu jener Zeit ein zwischen Vergangenheit und Zukunft hin- und herschwingendes Pendel, und Detroit-Sharon hatte als ein sehr bequemer Schutzschild zwischen mir und meinem Leben gedient.

Man wird leicht von dem Traum an ein besseres „Irgendwann" oder der Phantasievorstellung verleitet, wie schön doch die Vergangenheit war. Diese Phantasiefluchten sind bequeme Ausweichmanöver, wenn man mit etwas Neuem oder Herausforderndem konfrontiert wird, das noch gemeistert werden muss. Hin und wieder lache ich stillvergnügt in mich hinein, wenn ich an Detroit-Sharon und die Lektion denke, die ich darüber lernte, den gegenwärtigen Augenblick nicht für ein fiktives „Irgendwann" zu vergeuden, das tatsächlich niemals kommen wird.

DIE MAJESTÄT DES AUGENBLICKS

– Aus Ariels Sicht erzählt –

Anfang September 2004, an unserem ersten Tag auf See vor der Küste Venezuelas, fing Shya seinen allerersten weißen Speerfisch mit einer Fliegenrute und ließ ihn wieder frei. Es gab sehr viele Möglichkeiten zum Fotografieren bei diesem aufregenden Ereignis mit akrobatischen, tanzenden und springenden Kunststücken.

Vorher an diesem Tag war der Ozean völlig windstill. Das war sehr ungewöhnlich für diesen Ort, wie uns gesagt wurde. Als wir jedoch am Ende unseres Abenteuers auf See in den Hafen einliefen, stellten wir fest, dass der Jachthafen am folgenden Tag geschlossen sein würde. Man erwartete den Hurrikan Iwan (den Schrecklichen), der laut den Voraussagen näher an Venezuela herankommen sollte als irgendein Hurrikan vorher.

Der Lage des Landes ist es zu verdanken, dass große Wirbelstürme gewöhnlich vorbeirasen und den Küstenstrich unbehelligt lassen. Obwohl sich das Unwetter östlich und nördlich von uns ereignete, erwartete man, dass sich große Brandungswogen vom Meer aus heranwälzen würden. Auf einem Spaziergang um den Jachthafen stellten wir fest, dass das Mitarbeiterteam und die Mannschaften der angedockten Boote allgemein darin übereinstimmten, die Schließung des Jachthafens wäre eine kolossale Überreaktion. Wie sie sagten, bestand die Wahrscheinlichkeit, dass dies ein weiterer schöner Tag sein würde.

Nach einer Mahlzeit aus frischem Fisch und einem Glas Wein zogen wir uns zurück – nichtsahnend, was uns am Morgen erwarten würde. Wir wachten mitten in der Nacht vom Geräusch des Regens auf, der auf das Dach prasselte: die Sintflut eines tropischen Unwetters.

Am Morgen hatte der Regen aufgehört, aber als wir aus der Tür traten und zu den Booten schlenderten, konnten wir das Adrenalin spüren. Die Menschen dort waren immer noch erschüttert von dem Trauma im Dezember 1999, als nach 15 Tagen pausenlosem Regen die Berge entlang von mehr als 100 Kilometern Küste nachgaben. Tonnen von Schlamm, Felsgestein und Schutt waren direkt nach Mitternacht ins Meer gestürzt, als die meisten Menschen schliefen. Im Jachthafen gab es Arbeiter, deren gesamtes Dorf zerstört wurde. Ein junger Mann half Berichten zufolge dabei, 50 Menschen aus dem Schlamm und den Trümmern zu ziehen, und rettete ihnen das Leben. Sein Haus war nur eines von vier Gebäuden, die nach dem Erdrutsch in seinem

Dorf noch standen. Bei der Voraussage von extremen Wetterverhältnissen waren die Dorfbewohner, die jene Tragödie überlebt hatten, daher äußerst nervös.

Als wir an den Docks entlang hinausgingen, konnten wir die Spannung spüren. Boote im Wert von 30 Millionen Dollar lagen im Jachthafen nebeneinander aufgereiht, Seite an Seite, und die Mannschaften beeilten sich, zusätzliche Halteleinen und Stoßdämpfer anzubringen … etwa nach der Devise „alle Mann an Deck“.

Bald begann die Flut zu steigen und die Boote machten alle in einer Reihe von links nach rechts „klick-klack“, als das Wasser in den Jachthafen hineinschoss. In der Ferne konnten wir sehen, wie die Brandung den Hafendamm zu überspringen begann. Shya und ich stärkten uns mit doppelten Espressi (wir haben immer noch klare Vorlieben, ob Hurrikan oder nicht), dann holte ich meine Kamera heraus und begann Schnappschüsse von den Vorbereitungen zu machen. Als einige der ortsansässigen Männer mich mit der Kamera in der Hand sahen, machten sie uns den Vorschlag, auf das Dach eines nahe gelegenen, halb vollendeten Gebäudes zu steigen (der Bau war nach der Schlammlawine von 1999 abgebrochen und nicht wieder aufgenommen worden), wenn wir eine ungehinderte Sicht aus der

Vogelperspektive haben wollten. Wir folgten ihnen durch die dunkle und staubige unterirdische Garage, vorbei an den Überresten großer Boote, zertrümmerten Stützstreben und dergleichen mehr, und begannen mit dem Aufstieg zu dem Dach. Es war dort etwas unheimlich mit den halb fertigen Geländern und einem offenen Aufzugsschacht.

Als wir die Treppen hochstiegen, traten wir auf den Abdruck eines Leguans. Er war genau dort gestorben und absorbiert worden, als er verweste, bis nur noch ein geisterhafter Schatten übrig geblieben war. Als wir oben angelangt waren, gingen wir zu den Fenstern des Penthauses, in einer atemberaubenden Höhe von elf Stockwerken. Wir konnten immer noch das kontrollierte Chaos spüren, als wir die Menschen unter uns beobachteten.

Eine über elf Meter lange „Garlington“, eine große Schönheit mit blauem Schiffsrumpf, tuckerte weiter in den Jachthafen hinein und entfernte sich mehr von der Hafeneinfahrt. Die Brandung war so unerwartet groß und heftig gewesen, dass der Druck die Zementklampen am Dock zerstört hatte, an denen sie befestigt gewesen war. Nun mussten sie einen neuen Platz finden, um ihr Boot sicher zu vertäuen. Der Sicherheit dieses Bootes galt unsere besondere Aufmerksamkeit – nicht nur wegen ihnen, sondern auch unseretwegen. Es war das Boot, das wir gemietet hatten, und unsere gesamte Ausrüstung befand sich noch an Bord.

Ich begann zu fotografieren, zuerst als das Meer über dem Hafendamm aufwogte und später dann, als es krachend in großen und schweren Wellen kam. Der Hafendamm war fast sieben Meter hoch, aber die Brandungswogen neun! Riesige Mengen von Gischt spritzten himmelwärts. Die Segelboote hüpften wie Spielzeug. Wir sahen mutige Seelen, die sich mit Armen und Beinen an die Masten klammerten und versuchten, dem Sturm zu trotzen. Bald drehte der Wind auf, ließ die Segel hin- und herflattern und peitschte die Fahnen. Und dann, dann erreichten die Wellen ihren Höhepunkt und das Schlimmste war vorbei. Überraschenderweise gab es keinen Regen. Bald war alles ruhig.

Am nächsten Morgen erfuhren wir, dass drei Menschen am äußeren Jachthafen an jenem Tag ums Leben gekommen waren. Hungrige Wogen hatten die Docks, die Boote und Männer verschlungen. Fünf Surfer, die törichterweise versucht hatten, auf den Wasserwänden zu reiten, waren ebenfalls umgekommen, doch unser Boot hatte das Unwetter mit nicht einmal einer Schramme überstanden. Als wir später an der Verwüstung vorbei und aufs Meer hinausfuhren, ertappte ich mich dabei, mir Gedanken über jene verlorenen Seelen zu machen.

Ich bezweifle, dass sie am Morgen aufwachten und wussten, dass es ihr letzter Tag auf Erden sein würde. Wahrscheinlich hatten sie Pläne für den nächsten Tag und für das vor ihnen liegende Wochenende und für ihr Leben. Ich ertappte mich dabei, stumme Gebete für die Opfer und die trauernden Familien der Männer zu sprechen. Es war einer jener Fälle, bei denen ich eine direkte Erfahrung der Vergänglichkeit der Dinge machte. Einer, bei dem ich dankbar war für die Wendung des Schicksals, das uns beide unversehrt gelassen hatte, um noch einen weiteren Tag zu erleben. Es war immer noch Zeit, dass sich unser Leben weiter entfalten konnte.

Shya und ich waren von den Flügelspitzen der Naturgewalt gestreift worden, die Berührung einer einzelnen Feder, die uns zitternd zurückließ. Es war eine mahnende Erinnerung an die Kostbarkeit und Zerbrechlichkeit des Lebens und auch an die Majestät des Augenblicks.

DANKSAGUNG

Wir danken Paul English, der uns auf die Reise schickte, unsere Realität in schriftlicher Form auszudrücken – ohne dich würde es dieses Buch nicht geben.

Wir empfinden tiefe Wertschätzung für alle in unserer Transformationsgemenschaft. Ihr seid eine wahre Inspirationsquelle. Wir würdigen eure Partnerschaft sehr, Erleuchtung mit anderen zu teilen. Die Welt braucht mehr Menschen wie euch.

Besonders danken wir denjenigen, die so selbstlos ihre Zeit und Energie auf dieses Manuskript verwendeten … in all seinenVersionen. Ihr seid ein Segen.

ÜBER DIE AUTOREN

Ariel und Shya Kane sind international anerkannte Autoren, Seminarleiter und Berater. Ihr transformativer Ansatz ermöglicht es Menschen, Zufriedenheit und erhöhte Leistungsfähigkeit in allen Bereichen ihres Lebens zu finden, ohne an ihren „Problemen“ zu arbeiten. Sie sind erfahrene Wegbegleiter, die – mit großem Geschick und Humor – Menschen durch den Sumpf des Verstandes in die Klarheit und Brillanz des Augenblicks führen.

Als Katalysatoren für die Persönliche Transformation bieten die Kanes fortlaufende Beratung und Seminare für ein breites Spektrum von Klienten an, von Einzelpersonen und Paaren bis hin zu Firmen und Großunternehmen. In ihren Seminarprogrammen haben sie eine Umgebung geschaffen, in der Tausende von Menschen tiefgreifende Verbesserungen in ihrer Lebensqualität erfahren haben.

WEITERE INFORMATIONEN

Besuche die Webseite der Kanes www.unmittelbare-transformation.de, wenn du mehr über Seminare, Höraufnahmen und Bücher erfahren und dich anmelden möchtest, um ihren Online-Newsletter, den Artikel des Monats, Audio- und Videopodcasts zu erhalten. Hier findest du auch Informationen zu ihrer wöchentlichen Internet-Radiosendung „Being Here".

KOMMENTARE ZU ARIEL & SHYA KANES BÜCHERN

Kommentare zum Buch
Lebe im Augenblick! – Verwandeln statt verändern: Die Erfahrung der Unmittelbaren Transformation

„Höchst empfehlenswert. Eine glatte Note 1. Ein ‚Muss' in der Bibliothek eines jeden Wahrheitssuchers."

Awareness Magazine

„Ein Bestseller in den Kategorien Lebenshilfe/Persönliche Transformation und Erfüllung."

Amazon.com

„Lass dich von dem Titel nicht in die Irre führen. *Working on Yourself Doesn't Work (Anm. d. Übs.: amerikanischer Originaltitel, wörtlich „An dir zu arbeiten funktioniert nicht")* handelt nicht von der Nutzlosigkeit der Selbstverbesserung, sondern vielmehr von der Mühelosigkeit der Transformation … Ein einfaches, leicht lesbares Buch mit einer wertvollen Botschaft, die dich durch den Sumpf des Verstandes in die Klarheit und Brillanz des Augenblicks führen kann."

Whole Life Times

„Ich empfehle dieses Buch nachdrücklich. Ariel & Shya Kane sind äußerst geschickte, erfahrene Reisebegleiter, die den Weg zur Klarheit des gegenwärtigen Augenblicks weisen. Sie sind führend auf dem Gebiet der persönlichen

Transformation und haben jedem, der sich ein sinnvolleres und erfüllenderes Leben wünscht, viel zu bieten."

Paul English, Verleger, *New York Spirit* Magazine

„Ein großartiges Buch, das ich sehr gerne gelesen habe! … Es hat mich dazu inspiriert, mein Leben und meine persönlichen Überzeugungen zu überprüfen, so dass ich nun auf einer viel höheren Ebene agiere."

Magical Blend Magazine

„Dieses Buch musst du unbedingt gelesen haben. Es gehört zu denen, die in deinem Bücherregal stehen sollten, damit du es deinen Freunden ausleihen kannst."

To Your Health Magazine

„Ariel und Shya Kane lassen auf Worte tatsächlich Taten folgen … Dieses einfache, doch tiefgründige Buch lehrt uns, wie wir im Augenblick leben können. *Working on Yourself Doesn't Work* ist erfrischend und echt, aufrichtig und authentisch, und es ist voller Einsicht und Klarheit geschrieben."

Dr. Maryel McKinley

Kommentare zum Buch
Das Geheimnis wundervoller Beziehungen durch Unmittelbare Transformation

„Jahrelange Therapie kann nicht das erreichen, was die Kanes in Minuten bewirken können … 10 Sterne für dieses herausragende Buch!"

Dr. Maryel McKinley, *Awareness* Magazine

„Ein Meisterwerk … unübertroffen von irgendeinem anderen Beziehungsbuch, auf das dieser Rezensent jemals gestoßen ist."

Wisdom Magazine

„Eine frische neue Herangehensweise an uralte Probleme."

New York Spirit Magazine

„Hervorragend … ein überzeugender Leitfaden für diejenigen, die nach einer Richtungsgebung in ihren Beziehungen suchen."

Foreword Magazine

„ … du musst dieses wirklich unglaubliche Buch lesen, das einfach die Art und Weise verändern könnte, wie du dich selbst, deinen Partner und ja, auch deine Beziehung siehst."

Inner Tapestry, Maine's Holistic Journal

„Die Kanes haben's wirklich drauf … Das Buch liest sich mühelos, drückt sich nicht vor schwierigen Themen und bleibt nicht im Lebenshilfe-Jargon stecken."

New York Resident Magazine

„Ariel und Shya Kanes Buch wird dir helfen, lebendige, unterstützende Partnerschaften herzustellen, die tagaus, tagein reibungslos laufen und nicht nur dann, wenn die Dinge einfach sind."

Nexus Magazine

„Dies ist ein gut geschriebenes Buch mit einer Menge von positiven Anleitungen zur Selbst-Affirmation, und es ist das erste Lebenshilfe-Buch über das Leben im Augenblick, das auf effektive Weise das Problem von Beziehungen angeht. Dies ist ein höchst empfehlenswertes Buch."

Harold McFarland,
Readers Preference Reviews & Midwest Book Review

„In diesem Buch wirst du die Schlüsselelemente erfahren, die eine alltägliche und durchschnittliche Beziehung in eine wundervolle verwandeln."

Hispano News

Leserstimmen zum Buch
SEIN – Die Kraft des Augenblick
Geschichten mit erleuchtender Wirkung zum Lachen, Weinen, Mitfühlen und einfach nur Mensch sein

„Ich hatte viel Erfahrung damit, Dinge zu ‚tun', um ein Gefühl von Wohlbefinden in meinem Leben zu erreichen. Wie wenig wusste ich darüber, dass einfach hier SEIN alles war, was ich brauchte!"

Roderick Hill, Schauspieler

„Die Kanes erzeugen pure Magie! *SEIN – Die Kraft des Augenblicks* musst du unbedingt lesen, wenn du die wahren Geheimnisse erfahren willst, um ein großartiges Leben zu führen."

Marie Forleo, Autorin von *Make Every Man Want You*

„Diese unterhaltsamen Geschichten haben mein Leben auf tiefgründige Weise berührt und mich immer wieder in den Augenblick geführt."

Paula Serios, leitende Angestellte für Marketing

„So sanft erzählt, doch die Wirkung ist tiefgreifend – dieses Buch ist ein Geschenk für jeden, der ein magisches Leben haben möchte."

Elisabeth Ward, Kostümbildnerin

„Wenn du lachen, weinen, dein eigenes Mitgefühl und Menschlichkeit spüren möchtest – dann lass dir *SEIN – Die Kraft des Augenblicks* nicht entgehen."

Johnny M. Jackson, Jr., Rechtsanwalt

„Wenn ich feststelle, dass ich aufgebracht bin, taucht plötzlich eine von Ariels und Shyas Geschichten in meinem Kopf auf, und augenblicklich habe ich ein gutes Gefühl in mir. Unterschätze nie den starken Einfluss einer tollen Geschichte. Dieses Buch ist voll davon!"

Colleen Campbell, Kreditverwalterin

„*SEIN – Die Kraft des Augenblicks* ist mitfühlend, unterhaltsam und inspirierend … eine praktische Anleitung, um das Leben deiner Träume zu führen."

Valerie Paik, Webseiten-Entwicklerin

„*SEIN – Die Kraft des Augenblicks* kann dein Leben transformieren. Lass einfach deine Emotionen herumwirbeln und entzünde ein Feuer unter deiner Lebendigkeit, während du von Menschen wie du und ich liest, die von den Kanes gecoacht worden sind und deren Leben heute großartig ist!"

Joe Cilmi, Yogalehrer

Das Geheimnis wundervoller Beziehungen

Auf allen Gebieten des Lebens glückliche Beziehungen haben – ohne „an sich zu arbeiten". Diese revolutionär einfache Methode bringt Freude ins Leben!

Ariel und Shya Kane zeigen neue Möglichkeiten, um auf allen Gebieten des Lebens fördernde und erfüllende Beziehungen zu haben. Jeder kann in sich die Fähigkeit wiederentdecken, sich für das Leben zu begeistern, Nähe zuzulassen sowie enge, spannende und tiefe Beziehungen herzustellen – wozu natürlich auch die Beziehung zu uns selbst gehört. Dieses Buch enthält die „Werkzeuge" der unmittelbaren. Also: Schluss mit harter Arbeit, sondern: einfach transformieren und jeden Tag den Zauber wunderbarer Beziehungen genießen.

256 Seiten · ISBN 978-3-89385-464-6 · www.windpferd.de

Lebe im Augenblick!

Ariel und Shya Kane sind die Pioniere dieser tiefgreifenden neuen Bewusstseinstechnik: Unmittelbare Transformation. Sie führen in die Klarheit und Brillanz des Augenblicks.

Es geht um eine radikale Umkehr der Vorstellung, dass man an sich arbeiten muss, um eine Veränderung zu bewirken. Hier gibt es keine Tricks zu erlernen, keine Lebensregeln zu befolgen, und keine vorgeschriebenen Pfade müssen eingeschlagen werden. Ein Wechsel der Realität, der zu einer Art Quantensprung führt, ist möglich: die eigenen natürlichen Fähigkeiten entdecken, in einem Zustand des Wohlgefühls zu leben, unabhängig von den Lebensumständen zentriert zu bleiben, auf ehrlichere und natürlichere Art in Beziehung zu treten, mehr Effektivität und Zufriedenheit.

174 Seiten · ISBN 978-3-89385-580-3 · www.windpferd.de